HITOHA KAOWOMIREBA 99%WAKARU : FRANCE HATSU, SOBOSHINRIGAKU NYUMON
by Takako Bouzon Sato

Copyright © Takako Bouzon Sato, 2020
All rights reserved.
Original Japanese edition published by KAWADE SHOBO SHINSHA LTD. PUBLISHERS

Korean translation copyright © 2020 by CheongSongJae. Co., Ltd
This Korean edition published by arrangement with KAWADE SHOBO SHINSHA LTD. PUBLISHERS,
Tokyo, through HonnoKizuna, Inc., Tokyo and Korea Copyright Center Inc., Seoul.

사람은 얼굴을 보면
99% 알 수 있다

사토부존타카코(佐藤bouzon貴子) 지음

최원호 옮김

머리말

　'커뮤니케이션과 인간관계를 형성하고 이어가는 방법, 자신의 인생을 자기의 의지대로 이끌어갈 수 있는 방법을 얼굴을 중심으로 과학적으로 설명하는 것' 이것이 제가 이 책에서 전하고 싶은 주제입니다. 이 책에서 지금부터 자세히 설명드릴 요점들을 정리하자면 아래와 같습니다.

● 얼굴에는 내면(성격이나 사고방식, 성향 등)의 모든 것이 드러난다.
● 얼굴만큼 그 사람의 본질을 정확하게 알려주는 정보는 없다.
● 얼굴에는 자신의 사고로부터 이어지는 타인과의 커뮤니케이션 스타일이 드러난다.
● 자신의 성격이나 성향을 알고, 이에 더해 상대방의 내면 심리까지 알고 난 후에 커뮤니케이션을 형성하면 좋은 인간관계를 만들 수 있다.

　이 책에서는 커뮤니케이션이나 자아실현에 대해서 지금까지는 없던 생소한 사고방식을 제시하고 있기 때문에 독자들이 다소 이색적이라고 생각할 수도 있습니다. 그리고 여러분이 단 한 번도 듣거나 경험하지 못한 이야기가 나올지도 모릅니다. 이 책에서 다루려는 주제인 얼굴에는 당신이 생각하는 것 이상으로 수많은 정보가 담겨져 있습니다. 다만 지금까지 우리가 몰랐을 뿐입니다.

이 책은 「상모심리학(相貌心理學)」이라는 프랑스에서 만들어진 과학적 방법을 기반으로 하여 전개해 나가고 있습니다. 상모심리학은 현재 프랑스에서 비즈니스나 교육 현장에서 실제로 적용되고 있는 신학문입니다. 상모심리학이라는 용어 자체를 처음 들어보시는 분들도 많을 거라 생각합니다. 아주 간략히 설명하자면, 어떤 사람의 몸짓이나 표정이 아닌, 오로지 얼굴 자체만을 가지고 그 사람의 내면 심리를 분석하는 것으로서, 일본에는 아직까지 알려지지 않은 심리학입니다. 이 방법은 자기 자신은 물론 커뮤니케이션의 대상인 상대방까지도 이해할 수 있게 해주는 새로운 접근 방법이므로, 머지않아 사람들의 대인 관계를 지속케 해주는 필수적인 요소이자, 반드시 알아두어야만 하는 핵심 기술이 될 것임을 확신합니다.

모든 사람에게 적용되는 학문

21세기에 접어들면서 지구촌의 글로벌화는 점점 더 가속화되어 가고 있습니다. 일본을 방문하는 외국인 관광객도 연간 3천만 명을 돌파하여, 이제는 국내 어디를 가더라도 해외에서 방문한 외국인들과 마주치게 되는 일은 너무나도 흔한 일이 되었습니다. 그들 중에는 일본인들

조차 잘 모르는 지역에까지 탐방을 해보는 무척이나 열정적인 이들도 종종 있습니다. 이러한 외국인들과 커뮤니케이션을 할 때에 도움이 되는 것이 바로 상모심리학입니다.

상모심리학은 유럽의 한 나라에 불과한 프랑스에서 나온 발상(發想)이지만 분명 전 세계에 통용될 수 있는 학문입니다. 얼굴을 분석한다는 것 자체가 프랑스인이든, 일본인이든, 어떤 국가의 어떤 지역의 사람들에게도 적용 가능하기에 지구상의 모든 사람들과의 커뮤니케이션에서 유용하게 사용될 수 있다는 것입니다.

좋고 나쁨은 차치하고, 일본인들은 지금까지 「아·음」의 호흡[1]에 의한 커뮤니케이션을 오래도록 해왔습니다. 회사에서나 학교 그리고 가정에서도, '있는 그대로를 드러내는 대화'를 하지 않고, 그저 '말 안 해도 알겠지!'라는 식으로, 너무나 대화 상대방의 기분을 살피는 완곡한 방식의 커뮤니케이션만을 해왔던 것입니다. 이것은 다른 말로 하면 「촌탁(村度)」[2]이 됩니다.

듣기 좋은 말로 포장을 하지 않은 채, 자기의 기분을 서로에게 직접적으로 전달하다보면 종국에는 간혹 다툼이나 언쟁으로 비화될 수도

---

1 아·음의 호흡(阿吽의 呼吸)
 ① 두 사람 이상이 함께 무언가를 할 때, 서로의 미묘한 기분. 또, 그것이 일치하는 것
 ② 들숨과 날숨
 ③ 씨름에서 쌍방이 동시에 일어나기 위해 호흡을 맞추는 일
2 촌탁(村度)
 ① 다른 사람의 기분을 살피는 것. 특히 명시되지는 않았지만 헤아려서 배려하는 것(추측해서 적절하게 대응하는 것), 남의 마음을 미루어 헤아림
 ② 촌탁이라는 단어는 2017년에 소위 모리카케문제(森友·加計學園問題)에서 의혹의 소재를 탐문하는 키워드로서 매스컴에서 주로 사용하였다. 직접 듣지는 않았지만 들었다고 해도 하등의 이상할 것이 없는 행위가 은밀하게 이루어졌을 것으로 추측하는 용어로 사용되는 경향이 다분하다.

있으므로 우리는 보통 이러한 난감한 상황을 피하고자 「아・음」의 호흡을 대화에 있어 아주 귀중한 보물로 여기며 사용하고, 그러한 자기는 원만한 인간관계를 지속할 수 있는 충분한 지혜를 가진 사람이노라고 뿌듯해합니다. 이는 지극히도 낡은 사고방식입니다. 그러나 더 큰 문제는 이러한 경향이 아직도 우리 도처에 너무나도 깊이 뿌리내린 채 계속 이어지고 있다는 사실이겠지요.

대화를 시작한 후 모나지 않고 원만하게 마무리짓는 것이 좋은 커뮤니케이션의 대전제인 것은 부정할 수 없습니다. 실제로 신뢰 관계가 있는 사람끼리는 필요 없는 스트레스를 만들지 않으려고 하는 경향이 강하기에 「아・음」의 호흡에 기초한 대화는 확실히 나름대로의 존재 가치를 지니고 있다고 할 수 있습니다.

「아・음」의 호흡은 이제는 통하지 않는다

오늘날에는 글로벌화가 각처에서 너무나 많이 진행되어, 일본인은 해외로 진출하고, 반대로 세계 각국의 다양한 나라와 지역들로부터 수많은 사람들이 일본으로 들어오고 있습니다. 물론 이러한 큰 흐름을 막을 길은 없습니다. 따라서 이제는 일본인들끼리의 암묵적 대화 규칙이라 할 수 있는 「아・음」의 호흡은 통용될 수 없습니다. 설령 일본에 온 외국인들이 아무리 일본이나 일본인들 전체에 대하여 애초부터 크나큰 호감을 가지고 있다고 하더라도 말이죠.

그러면 일본인이 영어를 사용하여 외국인과 의사소통을 하면 되지 않겠느냐고요? 아무리 세계가 글로벌화되었다 하더라도 무조건 영어를 비롯한 수많은 외국어를 익히는 것이 최선이라는 결론을 내는 것은 분명히 잘못된 생각입니다. 물론 일본어 이외의 다른 언어를 추가로 습득하면 그 전보다 더 많은 사람들과 대화를 하게 될 수는 있겠지만, 그러나 서로 간에 완벽한 의사소통이나 충분한 상호 이해의 차원에까지 도달하는 것을 보장해주지는 못하기 때문입니다.

앞으로도 우리는 언어와 문화와 가치관이 상이한, 수많은 처음 보는 이들과 커뮤니케이션을 해야만 합니다. 이는 그 누구라도 경험할 수 있는 일이며, 외국에 나가지 않고 일본에서만 살아가고 있는, 그리고 앞으로도 계속 그렇게 살아가리라는 당당한 계획을 가진 이들에게도 결코 피해갈 수 없는 눈앞에 닥친 현실입니다.

필자는 11년을 프랑스에서 살았고 그래서 어느 시점이 지난 후에는 프랑스어를 이용한 의사소통에 아무런 문제가 없었던 것이 사실입니다. 하지만 솔직히 고백하자면 단순한 커뮤니케이션이 아닌, 그것을 초월하는 문화와 가치관의 차이에서 오는 보이지 않는 단단한 '벽'을 느끼며 살았던 것도 사실입니다. 문화적 배경과 생활 양식들이 완전히 다른 이문화권(異文化圈)의 사람들과의 커뮤니케이션에서, 유창한 어학 실력만 가지고 단시간에 그들과 마음의 고리를 연결한다는 것은 정말 어렵다는 만고의 진리를 다시 한 번 확인하게 된 시간이었습니다.

이력서 이상의 정확한 정보

'얼굴은 자신의 이력서이다.'

우리는 종종 위와 같은 말을 합니다. 이는 상모심리학의 견지에서 보면 정말 딱 들어맞는 말입니다. 이력서는 자신이 살아온, 그리고 변화해 온 역사를 기술한 것입니다. 마찬가지로 사람의 얼굴도 시간이 갈수록 조금씩 변해갑니다. 1년 전의 나의 얼굴과 거울 속에 비친 지금의 나의 모습은 절대로 같을 수가 없습니다.

나이가 들어감에 따른 노화 현상은 별도로 하고, 사람은 누구나 자신이 처한 환경 등에 영향을 받아 신체 기관 및 특정 부위가 미묘하게 변합니다. 즉, 환경 등에 의해 영향을 받은 내면 심리의 변화는 얼굴 어딘가에 분명히 나타나게 마련이라는 말입니다.

이전보다 눈꼬리가 처졌다고요? 이는 다른 사람의 이야기에 귀 기울일 줄 알게 되었음을 의미합니다. 정면으로 보았을 때 귀가 명확히 보이는 사람이 간혹 있습니다. 그렇다면 그 사람은 이전보다 독립심이 크게 발전한 것이라고 보면 틀림이 없습니다. 얼굴이 달라졌다는 것은 그 사람의 내면이 성장 또는 퇴보, 아니면 적어도 일정한 방향으로의 변화가 있었다는 것을 의미하므로 '얼굴은 자신의 이력서이다.'라는 말은 '사실'이 아닌 '진실'에 가깝습니다.

그러나 이력서와 얼굴에는 공통점만 있는 것은 아닙니다. 이 둘 간에는 결정적인 큰 차이점이 있습니다. 바로 이력서는 다소 과장을 하거나 왜곡을 하여 기술하고 그렇지 않은 척 내밀 수 있어도, 얼굴은 절대로 그렇게 할 수 없다는 점입니다. 얼굴에는 일체의 속임수를 담을 수 없습니다. 본인의 내면을 거짓 없이 드러내어 보이기 때문에 얼굴만큼 그 사람의 본바탕을 명확하게 알려주는 정보는 그 어디에도 없는 것입니다.

이러한 의미에서 얼굴은 이력서 이상의 '자기 소개서'라 할 수 있습니다. 그러므로 개인적인 일 또는 공적인 업무 등의 모든 상황을 막론하고 상모심리학을 안다는 것은 당신의 대인 관계 생활에 있어 분명 큰 힘이 되어줄 수 있을 것입니다.

얼굴은, 커뮤니케이션의 기본
얼굴은, 인간관계의 핵심
얼굴은, 자아실현의 바로미터(barometer)

얼굴에 나타나는 그 사람의 내면 정보를 활용하며 대화를 진행하는 것과 그렇지 않은 것은 천양지차(天壤之差)입니다. 결과에 있어 확연히 큰 차이를 보일 것이라 자신합니다. 이 책을 읽고, 이 책에 적힌 내용대로 실천한다면 오래지 않아 당신은 사람과 사람 사이에서 결코 억만금을 주고서도 살 수 없는 '크나큰 힘'과 '아름다운 열매'를 얻을 수 있을 것으로 확신합니다.

목 차

많은 콘손토레, 낭비가에게 많은 레아지상 / 인간의 얼굴은 좌우 대칭이 아니다 / 얼굴의 우측은 현재, 좌측은 과거를 상징한다 / 비대칭은 자신의 숨어 있는 의식을 표출한다 / 비대칭인 사람의 성격 · 행동을 보는 포인트 / 기관 · 부위의 비대칭과 윤곽으로 성격 · 행동을 간파한다

PART
I

얼굴을 보면
모든 것을 알 수 있다

::: 타고난 얼굴로 인생이 결정될 리가 없다

「상대의 얼굴을 보고 커뮤니케이션이나 어프로치를 한다.」이렇게 말하면 "결국 외모가 모든 걸 결정하겠네요?"라고 생각할 사람이 많을지도 모르겠습니다. 그러나 이에 대해서는 처음부터 부정하겠습니다.

완벽하게 같은 이야기를 하는데도 상대가 미남미녀라면 쉽게 동의한다든지 허락해 버리는 것과 같이 잘 생긴 사람이 득을 보는 경우가 이 세상에 절대로 「없다」고 단정할 수는 없습니다.

타고난 미인이라면 적어도 유리한 점이 있기 마련이지요. 그러나 이 사람들도 인생을 살아가는 데 언제나 순풍에 돛 단 듯이 만사가 순조롭게 해결되거나, 큰 성공을 거두거나, 행복하게 사느냐 하면 반드시 그렇다고는 할 수 없습니다. 사람은 누구나 말할 수 없는 고통과 고민이 있기 마련입니다.

현실을 자세히 살펴보면 외모가 그저 그런 사람도 비즈니스에서 큰 성공을 거둔다든지 행복에 겨운 생활을 하는 사람도 많이 있습니다. 아마 이쪽이 더 많다고도 할 수 있습니다.

비즈니스에서 성공하는 것이나 행복한 인생을 사는 것은 얼굴의 미추, 반듯한 이목구비와는 전혀 관련이 없습니다. 「Bachelor Japan」[3]에 나오는 잘 생긴 부자는 부유층 중에서도 극히 일부입니다.

미남미녀라야 부자가 된다거나 비즈니스에서 성공하는 것이 아니고,

---

3 「Bachelor Japan」: The Bachelor Japan은, Amazon 프라임 비디오에서 방송하는 연애 리얼리티, 결혼 서바이벌 프로

부자나 성공한 사람 중에는 잘생긴 사람이 있다는 정도에 불과합니다.

「얼굴은 타고 났으므로 변하지 않는다.」

유감스럽게도 이렇게 생각하는 사람이 많은 것 같습니다. 좋든 싫든 얼굴은 항상 변합니다. 10년 전의 얼굴과 지금의 얼굴은 동일하지 않습니다.

젊은 날 빼어난 외모를 자랑하던 사람이 나이 들어 옛 모습이 완전히 사라져 전혀 다른 사람이 되는 경우도 종종 있습니다. 반대로 젊은 날에는 눈에 띄지 않던 사람이 나이 들어 깊은 맛이 나는 멋쟁이가 된다든지 품위 있는 멋진 귀부인이 되는 경우도 있습니다.

이 책에서는 얼굴에 대해 다양한 논의를 하지만 성공이나 행복에 얼굴의 미추가 관계하는 것은 아니라는 사실을 거듭해서 말씀드립니다. 얼굴이 잘 생겨서 성공한다든가 일이 잘 풀린다든가 하는 이야기는 없습니다.

타고난 얼굴에 의해서 성공과 행복이 결정되는 것은 아니라는 점만은 강조해 두겠습니다.

⠿ 얼굴에는 그 사람의 모든 정보가 드러난다

그런데 우리의 얼굴, 얼굴에는 그 사람이 갖고 있는 거의 모든 것이 드러납니다. 아울러 얼굴로 다음과 같은 정보를 읽을 수 있습니다.

- 체력양(體力量)
- 커뮤니케이션 욕구량(欲求量)
- 실행력
- 상상력
- 공감력
- 사고의 속도
- 환경과 타인에 대한 관용성과 순응성
- 감정과 생각을 전파하는 힘
- 감수성
- 자기 제어력(自己制御力)
- 야심과 독립심
- 모티베이션(motivation)

모든 사람의 얼굴에는 이러한 정보가 분명하게 드러납니다. 이것은 당신이나 나의 얼굴 모두 동일합니다.

이 책의 목적은 얼굴에 나타나는 정보를 이해해서 능숙하게 활용함으로써 커뮤니케이션이나 대인관계가 원활해지게 하고 아울러 자아실현에도 도움을 주는 데 있습니다.

::: 얼굴은 커뮤니케이션의 기본

「왜 얼굴일까요?」

그것은 얼굴이 인간의 내면(감정, 感情)의 변화를 민감하게 투영하는 거울이기 때문입니다. 예를 들면 당신의 좌우 얼굴이 생각 탓인지는 모르지만 이전에 비해서 일그러진 느낌이라면 상모심리학에서는 그것을 「뭔가 과거와 달라졌다」는 마음의 징후(sign)를 드러낸 것으로 분석합니다.

눈, 코, 입 등 얼굴의 기관이나 부위는 외부에 노출되어 있습니다. 베일을 치지 않는 한 어떤 상태인가를 정확하게 파악할 수 있습니다. 자신의 얼굴 기관 · 부위마저도 거울을 보면 그 상태를 인식할 수 있습니다. 노출되어 있기 때문에 그 사람의 「현재」 상태를 파악하기 쉬운 것이 얼굴입니다.

의사는 환자가 진찰을 받으러 오면 우선 얼굴을 봅니다. 얼굴에는 인지 기능과 생명 유지에 빠질 수 없는 눈, 코, 입, 귀라는 기관이 집중되어 있습니다. 그 사람의 건강 상태를 읽을 수 있기 때문에 의사는 얼굴을 보려고 하는 것입니다.

그 외에도 「즐겁다」 혹은 「불안하다」라는 정신 상태 등의 중요한 정보가 얼굴에는 분명하게 드러나 있습니다. 얼굴에는 많은 사람들이 생각하는 것 이상으로 얻을 수 있는 정보가 방대합니다. 얼굴에서 무엇을 읽어 내느냐에 따라서 상대와 자기자신의 현재 상태를 파악할 수가 있습니다. 덧붙여서 말하면 일본어에는 「얼굴」에 관한 관용구가 많습니다.

얼굴 색을 엿보다(눈치를 살피다)
얼굴이 팔리다(유명해지다)

얼굴이 서다(체면이 서다)

얼굴이 넓다(발이 넓다)

얼굴이 손상되다(체면이 깎이다)

얼굴이 화끈해지다(부끄러워서 얼굴이 화끈거리다)

얼굴을 마주 대할 수 없다(면목이 없다)

얼굴을 내밀다

얼굴에 먹칠을 하다

얼굴에 땀이 난다(부끄럽기 이를 데 없다)

모르는 체 하는 얼굴(시치미를 떼는 표정)

알고도 모르는 체 하는 얼굴(모르는 체 시치미를 딱 떼는 모양)

부처님 얼굴도 세 번(아무리 착한 사람도 거듭 심하게 당하면 끝내는 화를 낸다)

이들 관용구들은 대부분 커뮤니케이션이나 감정·내면에 대한 기술(記述)이라는 것을 알 수 있습니다.

일본인은 일반적으로 커뮤니케이션을 할 때 우선 상대의 얼굴을 보고 판단하거나 대응합니다. 얼굴은 역시 커뮤니케이션의 기본이자 인간관계의 핵심입니다. 그러나 단지 얼굴을 보는 것만으로 상대를 이해할 수는 없습니다. 얼굴 어디를 어떻게 볼 것인가? 어디서 무엇을 간파해서, 어떻게 활용해 나갈 것인가? 이러한 것을 알지 못하면 원활한 커뮤니케이션은 불가능할 뿐 아니라, 좋은 인간관계를 만들어 나갈 수도 없습니다.

이러한 모든 것을 망라하는 것이 「상모심리학(Morphopsychologie)」입니다. 「상모심리학(相貌心理學)」을 정확하게 이해해서 실생활에서 적용하면 상대를 99% 파악할 수 있습니다. 「사람을 꿰뚫어 본다」는 말로 바꿔 말해도 되겠지요.

::: 「상모심리학(相貌心理學)」이란 무엇인가?

상모심리학은 1937년 프랑스의 정신과 의사이자 임상학자인 루이 콜만(Louis Corman)에 의해 얼굴과 정신(내면), 얼굴과 성격의 상호 관계를 연구 대상으로 해서 구축한 학문입니다. 얼굴을 객관적인 데이터로 분석하고, 인간성, 성격, 개성을 진단합니다.

콜만의 저서 『상모심리학서설(相貌心理學序說)』은 프랑스에서 가장 권위있는 출판사 「프랑스대학 출판사」에서 반세기에 걸쳐 출판되고 있습니다. 일본에서는 그다지 알려지지 않았지만 프랑스에서는 심리학의 한 분야로서 널리 알려져 있고, 교육 분야 또는 비즈니스 분야에서도 다방면에 활용되고 있습니다.

실제로 어떤 방법(method)으로 활용되고 있는지에 대해서는 상모심리학자와 기업 간에 직무상 알게 된 비밀을 지켜야 하는 기밀유지 의무 협약이 맺어져 있기 때문에 기업명 등 상세한 내용을 여기서 전할 수는 없습니다. 다만 고객과의 커뮤니케이션, 인재 육성 혹은 적재적소의 인재 배치 등의 매니지먼트에 응용되고 있는 것은 분명합니다.

교육 분야에서는 패션이나 미용 등의 이미지를 코칭하는 학교 커리큘럼 안에 상모심리학의 「얼굴 분석 응용」이 사용되고 있습니다. 일반 가정에서도 아이들과의 커뮤니케이션을 원활하게 하기 위해서 애용합니다.

프랑스에서는 유명 잡지나 신문에 특집으로 실리는 경우도 있으므로 길가는 사람에게 물어봐도 "아~, 알고 있어요"라고 대답할 정도로 대중적인 학문입니다. 유럽에서도 이탈리아나 스페인 같은 프랑스 인접국으로 상모심리학이 조금씩 퍼져 나가는 추세입니다.

콜만은 논문 이외에 자신의 학술 연구 성과를 30여 권의 책으로 발표했고, 이것이 오늘날 상모심리학 이론의 토대가 되었습니다. 그는 임상 심리학자로서 실증·케이스 스터디를 제창했기 때문에 자신의 방법론을 만드는 데 수많은 분석·실증을 반복함으로써 정밀도를 높였습니다. 현재, 1억 명 이상의 얼굴 분석 데이터를 갖고 지속적으로 이론을 체계화한다는 의미에서는 분명 「살아 있는 학문」이라고 할 수 있고, 상모심리학 교수에 의한 얼굴 분석의 정밀도는 99%의 정확성을 자랑하고 있습니다.

프랑스에서는 학문으로서도 인기가 있고 정신과 의사나 카운슬러, 패션 관계자 등이 상모심리학자 자격을 취득하고 있습니다. 미용 관계, 에스서티션(aesthetician, 미학자, 전신미용사) 등 미(美)에 관한 직업

쪽 수강이 많은 것도 특징입니다. 상모심리학을 배운 미용사가 상모심리학과 미용을 융합한 새로운 분야를 개척한 케이스도 있습니다.

상모심리학자는 현시점에서 전 세계에 약 천 2백 명이 있습니다. 그중에서 교수는 전 세계 15명, 일본에는 유감스럽게도 저 혼자입니다.

⠿ 상모심리학 습득의 이점

상모심리학을 배우면 어떤 좋은 점이 있을까요? 대략 두 가지가 있습니다.

첫 번째는 자기자신을 안다. 사람들은 자기자신을 아는 것 같지만 의외로 잘 알지 못합니다. 특히 업무나 일상생활에 쫓기면 자신이 정말로 무엇을 하고 싶은지, 어떤 일에 어울리는지를 찾을 여유도 없어집니다. 여하튼 눈앞에 닥친 일을 열심히 해서 살아가는 게 고작입니다.

「지금 하고 있는 일은 진정으로 당신이 추구하는 일인가요? 자신이 어떤 일을 하고 싶은지, 혹은 어떤 일에서 자신의 재능이 꽃필지.」

자신이 재능이 꽃피기를 원하는 분야는 그 사람으로 하여금 잠재력을 최대한으로 발휘하도록 합니다. 당연히 그 분야를 선택해 착실히 노력하면 성공을 거둘 수 있고, 진정한 의미에서 자신을 만족시킬 수 있습니다.

이러한 만족감을 얻기 위해서는 자기자신을 파악할 필요가 있습니다. 그것도 가능한 한 객관적으로 말입니다. 이것을 알려주는 것이 상모심리학입니다. 자신을 알면 인간관계, 일의 범위, 활동 영역이 넓어지고 행동반경도 확대됩니다. 업무나 개인적인 일도 충실해져 인생이 보다 풍요로워지는 것은 틀림이 없습니다.

두 번째는 타인을 안다. 당신은 지금까지 다양한 사람들을 만났겠지만 그 모든 사람들을 정확하게 이해할 수 있던가요? 사람 보는 눈이 그 정도로 예리한 사람은 좀처럼 만나기 어렵습니다. 상모심리학을 체득하면 누구나 정확하게 사람 보는 눈(人物眼)을 갖게 되고 커뮤니케이션에서 관용과 상대를 배려하는 마음을 키울 수 있습니다.

자신만의 견해로 상대를 파악하고, 특히 첫인상으로 「이 사람, 싫다」라고 판단해서 상대를 이해하려 하지 않고 항상 간극이나 벽을 만들어버리는 사람도 많이 있는 것 같습니다. 이러한 부정적인 감정은 상대방에게도 반드시 전달됩니다. 상대방도 「저 사람, 왠지 느낌이 안 좋다」라고 생각해버려서 결과적으로 손해를 보게 됩니다.

지금까지는 자신의 과거 경험이나 가치관으로 상대를 판단해버린 사람도 상모심리학을 배우고 나면 「아, 이 사람 첫인상은 약간 상대하기 어려운 타입이지만, 이런 좋은 점이 있다. 여기에 주목하면 나와도 잘 지낼 수 있을지 모르겠다」라는 식으로 견해가 바뀌게 됩니다. 상대의 특성을 살리는 관계성을 만드는 것으로 인간관계도 양호하게 됩니다.

상대를 이해하는 것은 상대를 활용하는 것. 이것은 상대를 위할 뿐만 아니라 자신을 위하는 일이기도 합니다. 「타인을 아는 것」으로 지금보다도 많은 사람과의 커뮤니케이션에 주저없이 도전할 수 있게 됩니다. 새로운 사람과 연결이 되면 이를 기반으로 다시 인간관계가 발전하고 행동반경도 넓어집니다. 자기자신을 알고, 타인을 아는 것. 크게 보면 이 두가지가 상모심리학을 배움으로써 얻게 되는 이점입니다.

::: 사람을 간파하는 안경을 갖는다

상모심리학은 사람의 본질을 얼굴로 이해하는 안경입니다. 이 안경을 가진 사람과 그렇지 않은 사람 사이에는 커뮤니케이션, 비즈니스나 연애, 가족 관계에서 하늘과 땅만큼 차이가 벌어진다고 해도 과언이 아닙니다.

상모심리학을 이해하면 자신을 포함해 인간을 본질적으로 이해하게 되고, 어떻게 하면 좋은 결과를 이끌어낼 수 있을지를 생각할 수 있게 됩니다. 커뮤니케이션 방식이나 인간관계의 거리감, 일하는 방식 등 모든 면에서 최적의 행동을 취하게 됩니다. 상대의 성격을 확실히 이해하고, 그것을 근거로 적절한 어프로치를 하면 어떤 사람과도 좋은 관계를 맺을 수 있습니다.

인간관계에서 상대가 예상 외의 행동을 하면 「저런 사람이었어? 저런 사람인 줄 몰랐네!」라고 화를 내기도 합니다만, 상모심리학이라는 안경을 쓰면 이런 일도 자연스럽게 없어집니다.

상대의 경향을 이해하기 때문에 「그런 말 할 수 있지」, 「저런 행동도 할 수 있어」하고 납득하게 되는 경우가 많아지고, 실망한다든가 신경질을 낸다든가 하는 일이 없어집니다. 오히려 「이런 얼굴 타입은 이러한 특징이 있기 때문에 이런 말을 하곤 하지」라고 상대의 행동을 깊이 이해할 수 있게 되고 다정하게 감싸듯이 대할 수 있습니다. 상대방과 원활하게 관계를 맺을 수 있으므로 자기자신도 편안하게 지낼 수 있습니다.

얼굴은 타고난 상태로 변하지 않는 것은 아닙니다. 인간은 사회적 동물이므로 외부의 자극에 의해서도 얼굴은 만들어집니다. 기쁜 일, 즐거운 자극을 충분히 받으면 행복한 얼굴이 만들어지고, 부정적인 자극을 많이 받으면 부정적인 방향으로 변하게 됩니다. 특히 감수성의 상징이기도 한 얼굴 살집의 균형이 변해 풍기는 인상도 필연적으로 변합니다. 의식을 하든 안 하든 상관없이 얼굴에는 그 사람의 모든 것이 드러납니다. 자신의 얼굴이 어떤 상태인가, 또 자신의 얼굴이 어떻게 보이는가 하는 것은 자기자신이 책임을 지고 이해해야 합니다.

::: 상모심리학을 비즈니스에서 활용한다

상모심리학이 비즈니스에서 유효하게 활용할 수 있는 사례를 설명하겠습니다. 우선은 맨투맨 컨설팅(man-to-man consulting)입니다.

설정한 목표에 대해서 정확하게 관리하고 적절한 행동을 할 수 있는지 없는지, 직원이나 비즈니스 파트너와 적절한 인간관계를 구축하고 있는지 등을 의뢰자의 얼굴 변화를 보면서 개별적으로 컨설팅합니다. 프랑스에서는 경영진(executive)이 상모심리학자에게 개별 컨설팅을 희망하는 케이스도 있습니다. 때로는 산업의[4](産業醫, Occupational Health Physician)나 의료 카운슬러를 대신하는 멘탈(mental) 컨설팅에도 활용합니다. 새로 들어오는 사원 A씨가 심약한 경향이 있다면, 그것을 얼굴에 나타난 정보로 감지해 사전에 대책을 강구해서 막을 수도 있습니다.

그 외에는 인재 평가입니다. 적성의 판별이나 인재 배치 등은 이미 프랑스에서 상모심리학이 활용되고 있는 분야이기도 합니다. 채용 면접장에서 응모한 사람이 본질적으로 어떠한 타입인지를 간파하는 것은 베테랑 면접관도 어려운 일이지만 상모심리학을 알고 있다면 그것도 쉽게 해낼 수 있습니다.

예를 들면 다음의 4명이 응모했다고 합시다. 이번 채용에서 「리더 타입」을 찾는데 A, B, C, D 중에서 적합한 인재를 선발해야 합니다. 당신이 면접관이라면 4명 중 누구를 고르겠습니까? 직감이라도 좋으니 얼굴만으로 리더 타입을 한 사람 골라 보세요.

---

4   산업의(産業醫, Occupational Health Physician): 기업 등에서 노동자의 건강 관리를 하는 의사

어느 얼굴이 리더 타입인가?

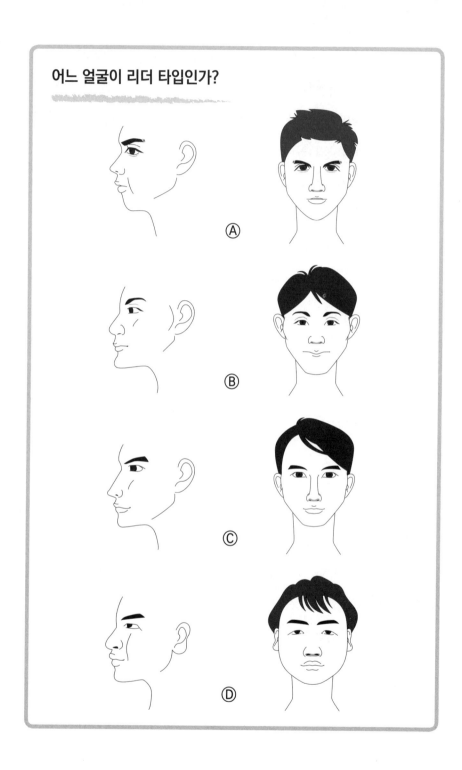

::: 살집에 생기가 있고, 관자놀이가 곧은 사람은 리더 타입

먼저 정답을 말하면 리더 타입은 C입니다. 그 외에 A는 지시 받은 것을 충실하게 이행할 타입, B는 남을 밀어내더라도 앞으로 나설 타입, D는 표면에 나서지 않고 그늘에서 전력을 다하는 타입(빛 못 보는 공로자 타입)입니다.

왜 이 4명에 대해서 위와 같이 판단했을까요? 그것은 얼굴에 드러난 정보를 상모심리학으로 간파했기 때문입니다. A, B, C, D 각각에 대해서는 다음과 같이 분석할 수 있습니다.

A = 지시 받은 것을 충실하게 실행하는 타입

살집은 있지만 생기가 없고 눈꼬리가 축 처진 사람은 지시 받은 것은 충실하게 실행하는 타입입니다. 눈이 크고 옆면에서 보면 얼굴이 튀어나온 편이므로 선택 욕구도 적다는 것이 드러납니다. 입술은 약간 벌린 듯하므로 자기 제어력이 약하고, 턱끝이 날카로운 느낌으로 옆에서 보면 안으로 들어가 있기 때문에 야심이 없다는 것도 알 수 있습니다.

B = 남을 밀어 내더라도 앞으로 나설 타입

옆에서 보면 경사가 급한 이마는 사고의 속도나 판단은 빠르지만 다른 사람에 대한 배려심이 결여되어 있다는 것을 나타냅니다. 턱끝이 과도하게 돌출되어 있으므로 야심을 실현할 힘이 있습니다. 정면에서 보면 귀가 보이므로 독립심이 왕성합니다. 또, 광대뼈가 살아있으므로 사회적 욕구, 애정 욕구가 강하고, 이것을 다른 사람에게 강요하는 것을 서슴치 않는 것을 알 수 있습니다.

C = 리더 타입

옆에서 본 둥그스름한 이마의 상부와 눈썹 위 요철은 직감한 것을 이론으로 정립하여 사고(思考)할 수 있는 능력이 있음을 나타냅니다. 자신의 생각을 다른 사람에게 강하게 전달할 수 있는 능력은 콧날의 경사로 알 수 있습니다.

상상한 것이나 이상을 이론적·현실적 사고로 녹여내는 능력은 곧은 관자놀이가 나타내고 있고, 생기가 있는 살집으로부터는 동기부여 능력이 높다는 것을 알 수 있습니다. 꼭 다문 입술은 자기 제어력의 표시라고 할 수 있습니다.

D = 표면에 나서지 않고 그늘에서 전력을 다하는 타입

전체적으로 풍부한 살집과 적당한 생기, 두툼한 입술에서 커뮤니케이션의 순응성, 높은 관용성, 상대에 대한 배려가 특기라는 것을 알 수 있습니다. 눈꼬리가 처진 것은 다른 사람의 이야기를 차분하게 들을 수 있는 도량의 크기를 나타냅니다. 턱끝이 듬직한 것에서 야심을 읽을 수 있지만 옆에서 봤을 때 과도하게 돌출되지 않았으므로 적당한 자기 제어력을 발휘할 수 있다는 것을 알 수 있습니다.

⠿ 인재의 미스매치(mismatch)를 막는다

리더 타입의 인재가 필요한데 지시 받은 사항을 충실하게 이행하는 A나, 표면에 나서지 않고 그늘에서 전력을 다하는 D를 채용해 버렸다면 이건 인재의 미스매치입니다. 채용한 쪽은「잘 할 것으로 생각했는데…」실망하고, 채용된 쪽은「이런 일은 취향이 아닌데…」하고 스트레스만 쌓여 쌍방이 불행한 결과가 됩니다.

또는 참모 타입을 원했는데, 다른 사람을 밀어내더라도 앞으로 나서는 B나 리더 타입의 C를 채용해도 같은 식으로 미스매치가 일어납니다.

아무리 면접을 많이 봐도 그 사람의 본질을 간파하는 것은 어렵고, 이력서에 훌륭한 실적이 나열되어 있어도 그 사람이 진짜 그 능력을 발휘할 수 있을지는 현장에 나가보지 않으면 알 수 없습니다.

채용에는 이와 같은 리스크가 따릅니다. 이러한 리스크를 사전에 방지해 주는 것이 상모심리학입니다.

이력서에는 없는 그 사람 고유의 정보가 얼굴에는 드러납니다. 그것을 분석할 수 있다면, 이 사람은 리더 타입인지(지시 받은 일을 충실하게 실행하는 타입인지, 다른 사람을 밀어내더라도 앞으로 나아가는 타입인지, 표면에 나서지 않고 그늘에서 전력을 다하는 타입인지)를 간파할 수 있습니다. 인재의 미스매치도 무한대로 줄여나갈 수 있겠지요.

영업 부문의 인재를 모집하는데 문서 작성이 특기인 사람을 채용했다면 서로 불행한 일이 됩니다. 사교성이 뛰어난 사람, 타인과의 커뮤니케이션에 재주가 있는 사람이 역시 영업에는 제격입니다. 만약 4명 중에서 채용한다면 상대의 입장에서 모든 것을 생각할 수 있는 D가 되겠지요.

반대로 활동적이고 주변 사람들과의 커뮤니케이션이 특기인 타입이 사무직 전문팀에 들어가면 스트레스가 쌓입니다. 용모를 잘 파악해서 영업에 적합한 사람을 배치한다면 미스매치는 없어집니다.

동일하게 4명 중에서 사무직을 채용한다면 지시받은 것을 충실하게 실행하는 A겠지요.

면접이라는 짧은 시간에도 얼굴을 보는 것만으로 그 사람이 지닌 본질을 알 수 있습니다.

기업의 인재 배치라는 관점에서 생각한 경우에도 「얼굴 부위가 이렇게 생겼으므로 이 사람은 이러한 사람이다」라는 일반적인 판단을 하는 것이 아니라, 「회사에 필요한 인재는 이러한 타입이기 때문에 여기에 맞는 것은 이런 얼굴이다」로 파악함으로써 미스매치를 방지할 수 있습니다.

각자의 인간 특성을 살리는 것이야말로 중요합니다. 상모심리학을 사용하면 적재적소에 인재 배치가 가능합니다.

::: 일본인에게 맞는 커뮤니케이션 방법

상모심리학은 그 사람의 「좋고 나쁨」을 판단하기 위한 학문이 아닙니다. 그 사람을 이해하기 위한 학문입니다.

사람은 아무래도 사물을 「좋고 나쁨」으로 판단하기 마련입니다. 그것은 사물만이 아니라 사람에 대해서도 마찬가지 입니다. 왜냐하면 인간은 육체적으로나 정신적으로, 자신을 지키기 위한 본능적 방어기제가 작동하기 때문입니다. 그 판단의 주체는 항상 자신이고, 당연히 그것은 주관적입니다.

상모심리학은 「얼굴」에 나타나는 다양한 「표현」을 객관적으로 읽어서 언어화하는 학문입니다. 여기에 「좋고 나쁨」의 판단은 없습니다. 아울러 표현이라는 것은 상모심리학에서는 생체 내부에서 일어나고 있는 것이 얼굴 표면에 특징으로 드러나는 것을 말합니다.

우선은 상대의 얼굴을 똑똑히 보십시오. 이것은 아이 콘택트(eye contact)가 아닙니다. 얼굴을 보면 거기에는 기본적인 성격이나 행동 스타일 등 상대에 관한 다양한 경향이 반영되어 있습니다.

「이 사람은 이런 타입」이라는 것을 알면 인종·국적을 불문하고 상대에 맞춘 커뮤니케이션을 할 수 있습니다. 그러면 상대방도 자신을 알아주는 것에 안도감을 느껴 커뮤니케이션에 관용성을 발휘합니다.

어떤 타입인지를 이해한 다음에 상대에 맞춰 대응하는 커뮤니케이션 방법은 외국인이 잘하는 격렬한 토론에 익숙하지 않은 일본인에게 딱 어울리지 않을까요?

조심스러우면서도 온순한 일본인에게 어울리는 커뮤니케이션 방법의 하나로써 대단히 유용한 툴(tool)이 되겠지요. 제가 상모심리학을 권하는 이유는 여기에 있습니다.

중요한 것은 그 결과를 「좋고 나쁨」으로 판단하는 것이 아니라 어떻게 이해할 것인가 하는 것입니다. 판단과 이해는 완전히 다른 것입니다.

첨언하면, 얼굴은 항상 변합니다. 얼굴은 내면을 투영해 내는 거울로 그 사람의 느낌이 바뀌면 얼굴도 변한다는 것이 상모심리학의 밑바탕에 있는 정의입니다. 그러므로 얼굴의 변화를 읽어내는 것은 본인 마저도 눈치채지 못하는 내면의 변화에 대한 이해라고 말할 수 있습니다.

이 이해는 물론 자기 분석으로도 활용할 수 있습니다.

얼굴의 변화를 통해서 모티베이션(motivation)이나 마음의 동향을 앎으로써, 일상생활에서 몸 관리처럼 마음의 자기 관리에 이용할 수 있고, 새로운 인생을 개척하는 커다란 결단이나 선택을 할 때에도 활용할 수 있습니다.

::: 점술이나 관상학이 아니다

상모심리학은 점술과는 다른 「학문」입니다.

실은 저한테도 「앞으로 어떻게 될까요?」하고 자신의 미래를 감정 받으려는 사람들이 자주 방문합니다. 점술로 착각하는 사람이 많은 것도 사실입니다. 점술이 아니므로 저로서는 그 사람의 미래는 알 수 없습니다.

단지 이렇게는 말합니다.

「미래는 자신이 만들어 가는 것입니다. 만약 꿈이 있다면 용모로 꿈에 다가가는 프로세스를 제안 드릴 수 있습니다만, 몇 년 후에 그 꿈이 이뤄질지는 점(占)이 아니라서 알 수 없습니다」

이렇게 말하면 「점을 치려는」 기대로 들떠서 온 사람은 실망하는 것 같습니다. 「아, 점은 보지 않는 군요…」하고 체념한 것인지 납득한 것인지는 알 수 없지만 빠른 걸음으로 돌아 나갑니다.

상모심리학은 어디까지나 자기자신이나 타인을 이해하기 위한 학문입니다. 점술과는 다르므로 「좋다 / 나쁘다」, 「맞다 / 틀리다」는 판단을 하기 위한 것이 아닙니다. 또 관상학과도 다릅니다. 관상학에서는 얼굴의 어느 부분을 추출해서 그 한 부분으로 그 사람을 판단합니다.

상모심리학에서는 「부분은 전체의 일부」로 파악하고 점과 점을 빈틈없이 이어나가 전체를 통합해서 「이러한 성격이다」라고 판단합니다. 어디까지나 한 사람, 한 사람 다른 개인 맞춤 제작(order made) 분석입니다.

제가 조사한 바로는 관상학은 아무래도 부분적인 표출을 이해하려고 하는 듯이 보입니다. 이것이 상모심리학과의 큰 차이입니다. 이 점에 대해서는 제6장의 종합 분석을 읽어보시면 아실 것이라 생각합니다.

::: 향후 시대에 필요 불가결한 학문

테크놀로지(technology)의 진화에 의해 다가오는 향후 시대에는 원격 근무(remote work)와 재택근무(telework)가 일반화되는 것은 틀림이 없습니다. 그리고 원격 의료의 보급도 되돌릴 수 없는 상황입니다. 이러한 분야에서도 상모심리학을 활용할 수 있습니다.

이러한 시스템에서는 멀리 떨어져있는 상대와 PC나 스마트폰 화면을 통해서 커뮤니케이션을 합니다. 말을 주고받을 수는 있지만 대면이 아니므로 상대의 숨결이나 표정을 살피기가 어렵고, 목소리 큰 사람의 아이디어가 채용된다든지, 입이 거친 사람이 불이익을 당한다든지 하는 것도 현실에서 보다 빈번하게 일어날지도 모르겠습니다. 의견의 집약과 의사 결정, 병상(病狀) 파악에 시간이 걸리는 일도 「없지」는 않겠지요.

여기서 중요시할 수밖에 없는 것이 얼굴입니다.

면식이 없는 사람이나 첫 대면의 환자와 커뮤니케이션을 할 수밖에 없는 경우에도 얼굴은 확실히 보입니다. 상대를 잘 몰라도 화면에 비친 상대의 얼굴을 보고 거기에 드러나는 정보를 분석하면 「이 사람은 본심을 말하지 않는 사람이구나」, 「선택 욕구가 강하군」, 「환경에 순응성이 높네」 같은 판단을 할 수 있습니다.

대면은 물론 멀리 떨어진 장소에서도 커뮤니케이션에 크게 활용할 수 있습니다. 시대와 기술의 변화가 상모심리학 보급의 유용성을 시사해 주고 있습니다.

PART

II

99% 정확한

얼굴 분석법

::: 오랜만에 만난 사람의 얼굴이 생각나지 않는 이유

당신은 「길거리에서 갑자기 전혀 모르는 사람이 말을 걸어오는」 경험을 한 적은 없는지요?

「오랜만이다!」라고 말을 걸어오는 데 전혀 기억이 없습니다. 그런데 「○○야, 건강하게 잘 지냈어?」라고 자신의 이름까지 부르며 상냥하게 말을 걸어옵니다. 누군지 모른 채 어이없어 하는데 「나 △△야 잊었어?」라고 하는 게 아닙니까?

분명 그 이름은 잘 알고 있습니다. 고등학교 동기입니다. 그러고 보니 들은 기억이 있는 목소리입니다.

졸업하고 이미 십 수년… 아무리 나이 들어 변했다고 해도 그 당시의 △△와는 다른 사람입니다.

「진짜 △△니?」

당신은 아직 의문이 가시지 않습니다. 그래도 상대방이 둘이서 했던 놀이나 함께 간 장소 등 옛날 추억을 이야기하자 문득 그리움이 몰려옵니다. 자세히 보니 당시의 모습이 여기저기에 남아 있습니다.

「역시 △△였군. 그런데 다른 사람처럼 변했다. 이럴 수 있는 거야?」

마지막까지 의심이 풀리지 않았지만 연락처를 교환하고 조만간 다른 친구들과 함께 한잔할 약속을 합니다. 「그러면 △△이 본인인지 아닌지 확인도 할 수 있고, 오랜만에 다른 친구도 만날 수 있어 일석이조다」라는 생각을 하면서…

여기서는 약간 과장해서 예를 들었지만 옛날 지인의 얼굴이 너무나도 변해서 놀란 적은 누구에게나 있는 일이지요. 얼굴은 변하기 때문에 이것은 당연합니다.

혹시 옛날에는 눈꼬리가 처졌는데 지금은 역으로 올라가 있다면 눈앞에 있는 사람은 의지가 강하고 틈을 주지 않는 사람으로 변한 것입니다. 아마도 △△ 씨는 옛날에는 비교적 온화한 사람이었기 때문에 다른 사람이라고 생각하는 것도 무리는 없습니다.

혹은 옛날에는 얼굴 살이 통통했는데 지금은 빈약하다면, 지금 눈앞에 있는 사람은 이전 보다 환경이나 타인으로부터의 자극에 민감하고, 약간 신경질적인 타입으로 변한 것입니다. 이전의 △△ 씨는 아마도 너글너글한 사람이었기 때문에 그 사람이라고 눈치채지 못할 가능성이 높았던 것입니다.

::: 환경에 의해 얼굴은 변한다

왜 얼굴이 변할까? 그것은 나이를 먹는 것 보다 환경에 의한 영향입니다. 환경이 변하면 얼굴이 바뀝니다. 십 수년 만에 만난 동기생이 누군지 몰랐던 것은 상대의 환경이 크게 바뀌었기 때문일 겁니다. 환경에 의한 변화는 세월에 의한 영향 보다도 큽니다.

환경은 인간의 얼굴이 변하는 가장 큰 요인입니다. 환경 변화라는 것은 주거 환경의 경우도 있지만, 인간관계나 행동 패턴이 바뀌는 경우도 포함합니다.

더구나 환경이 바뀌면 수개월이나 반년 정도의 비교적 짧은 기간에도 얼굴에 변화를 초래할 수도 있습니다.

예를 들면 1년이나 2년 전근을 갔던 동료가 본사로 돌아왔는데 완전히 얼굴이 바뀌었다면 그것은 부임한 곳의 환경에 의해 영향을 받았기 때문입니다. 환경이 얼굴에 주는 영향은 그 정도로 큽니다.

무릇 얼굴에는 안면 신경이 분포한 30종류 이상의 근육이 있고, 그들이 상호 작용을 해서 복잡한 표정을 만들어 냅니다. 예를 들면 웃는 얼굴에는 대협골근(大頰骨筋)[5], 웃음근육(笑筋)[6]이 사용되고 있습니다.

근육은 사용하면 할수록 발달합니다만, 역으로 사용하지 않으면 점점 퇴화해 갑니다. 웃는 얼굴이 많은 사람은 대협골근, 웃음근육을 발달시키게 되고 이것은 다른 사람이 볼 때 매력적인 얼굴이 됩니다.

전혀 웃지 않는 사람은 대협골근, 웃음근육을 사용하지 않으므로 지속적으로 퇴화합니다. 그 영향은 여기에 멈추지 않고 다른 기관과 부위에도 영향을 미치고, 살집의 생기가 사라진다든지 입꼬리가 처진다든지 하는 것으로 연결됩니다. 표정도 빈약해서 만나는 사람에게 어딘지 어두운 인상을 주게 됩니다.

만약 어떤 사람이 하루에 수십 번도 넘게 웃는 얼굴로 생활한다면 대협골근, 웃음근육이 발달합니다. 살집에 생기가 돌고, 입꼬리가 올라가

---

5 대협골근(大頰骨筋): 얼굴에서, 광대뼈와 입술 가장자리를 잇는 근육
6 웃음근육(笑筋): 아랫턱 근육에서 입의 가장자리까지 뻗어 있는 볼근육(입꼬리 당김근)

서, 만나는 사람에게 밝고 상냥한 인상을 주겠지요.

표정을 만드는 것은 근육입니다. 그 표정에 영향을 주는 것이 감정, 즉 자신의 내면(정신)입니다.

표정의 변화에 따라서 얼굴이 변하는 것은 자신의 내면(정신)이 변했기 때문입니다. 얼굴이 바뀌기 위해서는 표정의 근원인 내면이 어떻게 되느냐가 크게 관여합니다. 이것이 얼굴이 내면에 의해서 결정되는 이유입니다.

⣿ 얼굴이 바뀌면 인생이 바뀐다

지금부터 이야기하는 것은 「내면이 바뀌면 얼굴이 변한다」는 실제 사례입니다. 일본에서 세미나를 개최할 때, 어떤 수강생의 변화하는 모습을 보고 상모심리학이 지닌 힘을 새삼스럽게 실감했습니다.

그 수강생은 에스테티크(esthetique)에 다니던 분으로 처음 만났을 때는 얼굴 살집에 생기가 없고, 겉으로 보기에도 은둔형 사색가 타입으로 자신감도 없어 보였습니다. 본인도 미래의 삶의 방식에 혼란스러워하는 것 같았습니다.

상모심리학 강의를 수강한 지 3개월. 그분의 얼굴이 싹 바뀌었습니다. 볼에 살이 오르고 얼굴에 생기가 돌았습니다.

지금은 자신감이 넘치고 가게(미용실)도 예약이 힘들 정도로 잘 되고 있습니다. 단 3개월만에 다른 사람으로 다시 태어난 것입니다.

상모심리학으로 자신의 성격이나 경향을 객관적으로 파악하고, 또 자신을 살릴 방법을 구체적으로 생각함으로써, 행동을 바꿔 결과를 내게 된 것입니다. 무엇보다도 자신감을 갖고 커뮤니케이션도 적극적으로 해서 지금은 자신을 전면에 내세울 수 있게 되었습니다.

얼굴은 내면의 거울입니다. 에스테 살롱을 운영하는 이분은 자신을 정확하게 인지해서 자신의 내면을 바꾸고, 그 내면의 변화가 얼굴 각 부위의 변화로 연결되었습니다. 내면이 변했기 때문에 인생이 바뀐 것입니다. 얼굴이 바뀐 것은 결과적으로 내면의 변화가 만들어낸 것입니다.

당신의 얼굴은 당신 인생 그 자체입니다. 이런 의미에서 얼굴은 역시 이력서입니다. 이력서에는 계속해서 경력을 추가할 수 있듯이 얼굴에 어떠한 것을 새기느냐는 당신 자신의 선택과 행동에 달려 있습니다.

⠿ 얼굴에는 변하는 부분과 변하지 않는 부분이 있다

얼굴은 변합니다. 동시에 얼굴은 변하지 않습니다. 이렇게 말하면 「모순적인 말을 하네요!」라는 지적을 받을지 모르겠지만 정확하게 기술하면 이렇게 됩니다.

얼굴에는 변하는 부분과 변하지 않는 부분이 있습니다.

변하는 부분은 나이나 환경의 영향을 받기 쉬운 부분입니다. 변하지 않는 부분은 나이와 환경의 영향을 받지 않는 부분입니다.

앞에서 10년 만에 만난 동기생이 누군지 몰랐다는 이야기를 했습니다. 상대가 △△ 씨라는 것을 몰랐던 것은 어떤 부분이 세월과 환경의 변화를 받아 크게 변화했기 때문입니다. 한편으로 △△ 씨의 얼굴이 옛날 모습이 남아 있었던 것은 어떤 부분이 세월과 환경에 의한 영향을 받지 않았기 때문입니다.

구체적으로 말하면 이렇습니다.

변하는 부분은 눈, 코, 입, 귀, 살집.

변하지 않는 부분은 윤곽, 이마, 광대뼈, 턱.

눈, 코, 입, 귀, 살집 부분은 환경의 영향을 쉽게 받기 때문에 같은 인물이라도 잘 변합니다. 일부분이 바뀌는 경우도 있고, 전부 변하는 경우도 있습니다. 이에 비해 이마와 턱 같은 골격 주변은 성장기를 끝내면 크게 변하지 않습니다. 환경의 영향을 받지 않는 부분입니다.

변하는 부분과 변하지 않는 부분, 이 둘이 있으므로 얼굴을 보고 그 사람을 정확하게 판단할 수 있습니다.

변하는 부분이란 말하자면 그 사람의 현재 상태를 반영하고 있습니다. 변하지 않는 부분은 그 사람의 근본이 되는 본질을 나타냅니다. 변하는 부분에 주목하면서 변하지 않는 부분으로 눈을 돌리면 얼굴을 통해서 그 사람을 종합적으로 분석할 수 있습니다. 이것이 상모심리학의 수법입니다.

　우선은 「얼굴에는 변하는 부분과 변하지 않는 부분이 있다」라는 사실을 인식하는 것입니다. 그리고 거기서 간파할 수 있는 정보로 그 사람을 분석해서 세심하게 대응해 나갑니다. 이렇게 함으로서 커뮤니케이션이 원활하게 됩니다.

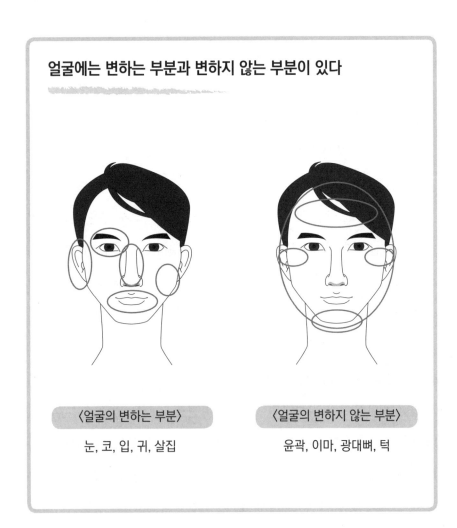

얼굴에는 변하는 부분과 변하지 않는 부분이 있다

〈얼굴의 변하는 부분〉

눈, 코, 입, 귀, 살집

〈얼굴의 변하지 않는 부분〉

윤곽, 이마, 광대뼈, 턱

∷∷ 얼굴에는 세가지 보는 방법이 있다

　상모심리학자는 얼굴의 기관·부위, 얼굴의 Zone이나 윤곽에 나타나는 정보를 종합적으로 분석해서 「이 사람은 이런 성격, 이런 경향이 있다」라고 이해합니다. 「얼굴을 보면 그 사람을 99% 알 수 있다」는 것은 진실입니다.

　상모심리학에서는 상대를 분석하는데 세 가지 방법을 조합합니다. 다양한 각도에서 얼굴을 보고 「이 사람에게는 이런 경향이 있다」라고 분석한 결과는 세상에서 하나뿐인 그 사람의 오리지널(original)이 됩니다.

　당연히 상대의 얼굴을 분석한다고 해도 어디를 어떻게 보는 게 좋을지 혼란스러울 지도 모릅니다.

　보는 포인트는 얼굴의 기관·부위, 얼굴 Zone(얼굴에서 면적이 가장 넓은 부분), 그리고 얼굴의 윤곽(굵으냐 가느냐)입니다. 이 세개의 정보를 종합적으로 취합해서 분석하고, 그 사람의 얼굴 특유의 경향을 파악한 후에 적절하게 대응해 나가면 원활한 커뮤니케이션을 할 수 있습니다.

　덧붙여서 상모심리학에서는 기관·부위로부터는 그 사람의 커뮤니케이션 스타일 등을 파악하고, 얼굴 Zone으로 그 사람의 기반이 되는 사고·감정·활동 경향을 간파하고, 얼굴 윤곽으로부터는 에너지 양을 봅니다.

당연히 상모심리학을 마스터하기 위해서는 몇 년은 족히 걸리기 때문에 본서에서는 읽는 것만으로 「이 사람은 이러한 경향이 있다」, 「이 사람은 이런 성격의 소유자다」라고 간단히 분석할 수 있는 것부터 전달하겠습니다.

우선은 기관·부위부터 설명하겠습니다. 얼굴 Zone에 대해서는 제3장과 제4장, 윤곽에 대해서는 제5장에 서술하겠습니다.

∷ 기관·부위에는 그 사람의 커뮤니케이션 스타일이 나타난다

기관·부위는 눈, 코, 입, 귀, 살집, 이마, 턱 등을 가리킵니다. 이들은 첫 대면이라도 슬쩍 볼 수 있으므로 거기에 나타나는 정보를 간파하면 「이 사람은 이런 경향이 있다」라고 분석할 수 있습니다.

이 기관·부위를 보는 것은 특히 첫 대면인 사람의 성격·경향을 이해하는 데 유효한 방법입니다. 접객업이라면 가게로 들어오는 고객의 얼굴에서 가장 임팩트(impact)가 있는 곳이 어딘가를 보고 「이 사람은 이런 경향이 있다」라고 분석한 후, 거기에 적합한 대응을 한다면 냉대받을 일은 없습니다.

기관·부위를 보고 「신상품을 좋아할 것 같다」, 「자신의 기호에 맞는 것을 찾을 것 같다」라는 식으로 판단할 수도 있습니다. 고객과 접하는 시간이 짧은 상황에서 매출을 올려야 하는 서비스업 종사자에게는 얼굴의 기관·부위를 보고 상대의 정보를 파악하는 것으로 효과적인 고객 응대를 할 수 있습니다.

하나 하나의 기관·부위에는 반드시 의미가 있고, 그 사람의 커뮤니케이션 스타일이나 행동이 잘 드러납니다.

「자신의 입술이 얇다는 것은 이런 경향이 있다는 것이군」
「눈꼬리가 올라간 사람은 이렇게 대응해야지」

기관·부위를 보는 것으로 자기자신의 특징도 파악할 수 있습니다. 어쩌면 자신도 몰랐던 새로운 면을 발견하게 될지도 모르겠습니다.

기관·부위로 상대의 특징을 이해하면 사전에 적절한 대응 방법을 파악할 수 있습니다. 첫 접촉에도 여유가 생겨 커뮤니케이션이 보다 원활하게 이루어집니다.

기관·부위는 자신을 알고, 상대를 아는 출입구입니다.

보는 방법의 핵심 하나를 알려드리겠습니다. 예를 들면 입술이 두터운가 얇은가를 봅니다. 만약 「어느 쪽으로 단정하기 어렵다. 보통이다」라고 생각한다면 그 기관·부위의 표출은 고려하지 않아도 됩니다. 왜냐하면 기관·부위의 임팩트(impact)가 강한 만큼, 그 경향이 강하게 나타나므로 중간이라면 「균형이 잡혀있다 = 큰 특징은 없는 것」이 되기 때문입니다.

상모심리학은 작은 차이도 고려해서 분석합니다만, 본서에서는 심플하게 생각해도 상관이 없습니다. 여러분은 자신이 느낀 첫인상을 중요하게 생각하십시오.

자신의 눈과 귀, 코가 어떤 모습인가 혹은 상사와 부하, 가족 중에서 마음에 걸리는 사람의 입이나 살집, 턱이 어떤 상태인가를 확인하면서 보면 이해할 수 있을 겁니다.

그럼 기관·부위를 하나하나 설명하겠습니다.

⋮⋮⋮ 눈꼬리가 축 처진 사람은 남의 의견에 쉽게 휩쓸린다

눈은 지식·정보를 받아들이는 방법을 알려줍니다.

우선 눈꼬리를 보고 위로 올라갔느냐 아래로 처졌느냐를 봅시다. 위로 올라간 사람은 자신의 흥미가 중요합니다. 위로 올라간 정도에 따라 자신이 보고 싶은 것만 보고, 자신이 듣고 싶은 것만 듣고, 남의 의견을 받아들이지 않는 경향이 있습니다.

이렇게 쓰면 조금 나쁘게 들릴지 모르겠습니다만, 예를 들면 뭔가 목표를 달성하려고 할 때, 일일이 다른 사람의 의견을 듣고 있으면 시간도 걸리고 결단도 늦어지므로 때에 따라서는 독단도 필요합니다. 이 경우 눈꼬리가 위로 올라간 사람이 드러내는 것은 플러스로 작동합니다.

그러나 신경쓰지 않으면 시야가 좁아지므로 주의할 필요는 있습니다.

눈꼬리가 처진 사람은 남의 이야기를 잘 듣고, 사물을 분명하게 직시하는 힘이 있습니다. 그러나 축 처져버리면 남의 의견을 너무 지나치게 받아들여 그 의견에 휩쓸리기 쉽습니다. 자신이 「비교적 처져 있을지도…」라고 느끼는 사람은 남의 이야기를 잘 들어주는 것도 적절히 하면 좋겠지요.

당신의 부하가 자신이 하는 말을 들을지 안 들을지는 눈꼬리를 보면 알 수 있습니다. 부하의 눈꼬리가 현재, 위로 올라간 느낌이면 「자신의 관심사 이외의 말은 듣지 않는다」고 이해해도 틀림이 없습니다. 「말을 들어라」라고 정면으로 쏘아 붙이기 전에 「어떻게 하면 관심을 가질까?」를 먼저 생각하는 것이 유리합니다.

반대로 부하의 눈꼬리가 현재, 너무 처졌다면 「남의 의견에 휩쓸리기 쉽다」고 봐도 좋겠지요. 「상사의 의견을 듣는다」고 이해해도 좋지만 역으로 말하면 우유부단해서 누구의 의견이라도 듣는 사람이라고도 말할 수 있습니다.

눈꼬리가 치켜 올라간 눈·눈꼬리가 처진 눈과 눈꼬리가 올라가 있다·처져있다는 종종 착각하기 쉽지만 명백하게 다릅니다. 특히 미소 짓고 있는 얼굴을 보고 눈꼬리가 처진 인상으로 오해할 수 있으므로 주의가 필요합니다.

올바르게 판별하기 위해서는 얼굴을 정면으로 보고 눈자위(目頭)부터 곧게 일직선으로 횡으로 선을 그어 나갑니다. 그 라인을 기준으로 해서 눈꼬리가 올라가 있다 · 처졌다를 판단합니다. 여성을 볼 때는 눈꼬리에 화장을 한 경우도 많으므로 주의해야 합니다.

⠿ 눈이 크고 시원스러운 사람은 호기심이 왕성하다

눈을 뜨고 있는 정도는 호기심의 왕성함을 나타냅니다. 눈이 크고 시원스러운 사람은 호기심이 대단히 왕성합니다. 역으로 눈이 가늘면 가늘수록 정보를 걸러서 선택합니다.

눈을 동그랗게 뜨고 있는 사람은 다양한 정보를 많이 알고 싶다는 욕구를 갖고 있습니다. 반면에 시각 정보에 지나친 영향을 받아 시류에 영합하는 측면이 있습니다. 역으로 눈이 가는 사람은 유행하는 정보에 좌우되지 않고 양보다는 질로 자신에게 중요한 정보만을 선택하려는 사람입니다.

그러면 눈이 가는 사람은 호기심이 없는가 하면 그렇지는 않습니다. 눈이 가는 사람의 왕성한 호기심을 알아 내는 방법이 있습니다. 그것은 눈과 눈 사이의 거리를 재는 것입니다.

양쪽 눈 사이가 눈 하나 보다 넓은 사람은 호기심이 왕성합니다. 눈이 가늘고 눈과 눈 사이가 눈 하나 이상으로 넓은 사람은 호기심이 왕성하면서도 많은 정보 중에서 자신에게 꼭 필요한 정보만을 선택합니다. 눈을 동그랗게 뜨고, 동시에 눈과 눈 사이가 넓은 사람은 호기심이

눈은 지식 · 정보를 받아들이는 방법을 알려준다

눈꼬리가 올라간 사람은 약간 흥미 본위적인 면이 있다

눈꼬리가 처진 사람은 다른 사람의 이야기를 잘 듣는다

눈이 크고 시원스러운 사람은 호기심이 왕성하다

눈이 가는 사람은 정보의 선택 욕구가 강하다

나 정보 수집력은 뛰어나지만, 의식이 산만해서 하나에 집중할 수 없고 정보를 하나 하나 체크하는 힘은 다소 부족합니다.

양쪽 눈 사이의 넓음과 좁음에 대해서 조금 더 설명하면, 눈과 눈 사이가 좁은 사람은 하나를 시키면 잘 해냅니다. 그러나 두 개, 세 개를 동시에 진행하는 것은 불가능합니다.

부하에게 지시를 하는 경우, 눈과 눈 사이가 극히 좁은 사람에게 한 번에 많은 것을 부탁하는 것은 좋은 방법이 아닙니다. 「A, B, C, D를 처리하라」라고 지시를 하면 아마 패닉 상태에 빠지겠지요. 이 타입은 하나의 일에 집중할 수 있는 여건에서 일을 잘 하므로 지시를 할 때는 하나씩 하면 됩니다. 복수 안건의 동시 진행을 지시하는 것은 눈과 눈 사이가 넓고, 동시에 눈이 가는 사람에게 어울립니다.

::: 관자놀이가 푹 꺼진 사람은 사고가 제자리걸음을 한다

다음은 관자놀이입니다.

관자놀이는 상상이나 아이디어를 이론적 · 현실적 사고로 치환하는 힘이 있는지 없는지를 알려 줍니다.

형상으로서는 3개의 패턴으로 나눌 수 있습니다. 곧다. 꺼지다. 푹 꺼지다. 「푹 꺼진 사람은 없어요」라고 생각하는 사람도 있을지 모르겠지만 그것은 지금까지 관자놀이에 주목해서 상대를 보지 않았기 때문입니다. 실제로 주의해서 보면 당신 주변에도 아마 있을 겁니다.

그러면 관자놀이에 대해서 각각 설명해 보겠습니다. 관자놀이가 곧은(일직선) 사람은 상상한 것이나 문득 떠오른 아이디어를 이론적·현실적 사고로 말끔하게 치환하는 능력이 있습니다. 이 능력은「문제가 발생했을 때 극복할 대책을 생각하는 능력」으로 대체할 수 있습니다. 일종의 문제 해결력입니다.

관자놀이가 꺼진 사람도 사고력은 있지만「이렇게 되어야 해」라는 식으로 자신에 대한 이상이 대단히 높고, 세상의 도덕과 상식 등에 얽매이기 쉬운 경향이 있습니다, 이것이 관자놀이가 곧은 사람에 비해서 사고력이 떨어지는 이유입니다.

관자놀이가 푹 꺼진 사람은 하나의 일을「이것도 아니고 저것도 아니다」라는 식으로 빙빙 돌려 생각해 버립니다. 소위「제자리 걸음」하는 타입으로 지나치게 신중하다고 할 수 있습니다.

상담을 하러 처음 회사를 방문했을 때, 응대해 주는 담당자의 관자놀이를 자세히 보십시오.「이 사람은 현실적으로 생각하겠군」, 또는「현실에 뒤떨어질 지도 모르겠네…」라는 식으로 판단할 수 있습니다.

관자놀이는 상대의 실행력을 알려주는 하나의 지침이 됩니다.

관자놀이는 실행력을 알려준다

관자놀이가 일직선인 사람은
문제 해결력이 높다

관자놀이가 들어간 사람은
룰에 얽매이기 쉽다

관자놀이가 크게 들어간 사람은
너무 신중한 경향이 있다

⣿ 콧구멍이 보이지 않는 사람은 비밀주의

「콧구멍이 보이느냐 보이지 않느냐」

콧구멍이 정면에서 분명하게 보이는 사람은 생각한 것을 솔직하게 털어 놓습니다. 때로는「아, 너무 말을 많이 했다」라고 할 정도입니다.

이에 비해 콧구멍이 보이지 않는 사람은 비밀주의입니다. 설령 사교성이 뛰어나더라도 본심은 좀처럼 드러내지 않습니다.

조언(advice)을 한다면 콧구멍이 보이는 사람에게는「본심을 말하기 전에 약간 분위기를 파악하고 나서」말하는 것이 좋고, 콧구멍이 보이지 않는 사람에게는「너무 가식적이지 않게 오픈해서」말하는 것이 유효합니다.

업무상 사람을 만날 때 상대의 콧구멍을 보면 솔직하게 말하는 사람인지, 비밀주의인지를 알 수 있습니다.

「콧구멍이 안 보이네, 이 사람은 본심을 말하지 않겠군」
「콧구멍이 보이니 생각한 것을 곧바로 말하겠군」

이러한 것들을 사전에 알아차리면 상대방에 맞춘 커뮤니케이션을 할 수 있습니다.

::: 콧날에 경사가 있는 사람은 말하고 싶은 것을 정확하게 전달한다

콧날은 머리로 생각한 것을 다른 사람에게 전하는 기세를 알려줍니다.

옆에서 보고 콧날에 경사가 있는지 없는지를 체크해 보십시오.

콧날에 각도가 있고, 분명하게 볼록 솟아 있는 것이 경사가 있다고 판단합니다. 경사가 있는 사람은 자신의 사고나 생각을 상대방에게 분명하게 전달할 수 있습니다.

경사에 각도가 없고, 기세가 약한 사람은 자신의 사고나 생각을 솔직하게 전달하는 데 서툴고 듣기 좋은 말로 얼버무리는 어투를 사용합니다.

콧날을 볼 때는 코의 높고 낮음이 아니라 경사가 있느냐 없느냐를 봐야 합니다. 높아 보여도 경사가 없는 사람이 있습니다. 또 경사의 유무를 불문하고 콧날이 물결치는 사람은 기분이 좋았다 나빴다 하는 부침이 심한 타입입니다. 만약 부하나 동료 중에 콧날이 물결치는 사람이 있다면 그 사람은 말 한마디에 곧바로 기분이 상하는 타입입니다. 말을 걸 때는 조금 신경을 쓰는 게 좋겠지요.

코는 커뮤니케이션 형태를 나타낸다

콧구멍이 보이는 사람은
생각한 것을 솔직하게 말한다

콧구멍이 보이지 않는 사람은
그다지 본심을 말하지 않는다

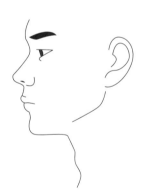

콧날에 경사가 있는 사람은
전달력이 있다

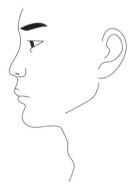

콧날에 경사가 없는 사람은
전달력이 약간 서툴다

::: 귀가 정면에서 보이는 사람은 독립심이 왕성하다

귀는 독립심을 나타냅니다. 정면에서 보이면 독립심이 왕성하고, 보이지 않으면 독립심이 별로 없다고 보면 됩니다. 보이면 보일수록 독립심은 강해집니다. 보이지 않는 사람이 현실에 만족하고 있다면 안정감을 나타내지만 그렇지 않다면 현실과의 타협을 나타냅니다.

어쨌든 업무에서 독립을 추구하는 사람들은 자신의 귀에 주목해 주십시오. 흥미로운 일이지만 저명한 비즈니스맨의 경우 대부분 귀가 정면에서 보입니다.

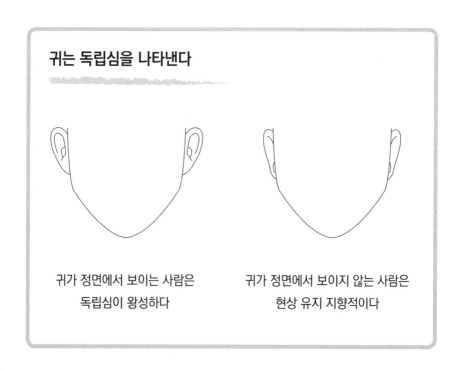

귀는 독립심을 나타낸다

귀가 정면에서 보이는 사람은
독립심이 왕성하다

귀가 정면에서 보이지 않는 사람은
현상 유지 지향적이다

⠿ 볼살이 풍부한 사람은 관용, 얇은 사람은 신경질적

얼굴의 볼살은 사회생활에 대한 관용성, 순응성, 사교성을 알려줍니다. 볼살이 풍부하면 할수록 이런 것들을 쉽게 발휘합니다. 볼살이 얇고, 평평한 면이 많으면 많을수록 관용성, 순응성, 사교성에는 걸림돌이 됩니다.

볼살이 풍부하다면 장소나 사람에 상관없이 관용성, 순응성, 사교성을 발휘하여 능숙하게 커뮤니케이션을 할 수 있습니다. 볼살이 얇은 사람은 자신이 선택한 환경이나 상대에 대해서만 이런 것들이 발휘됩니다. 넓고 얕은 것이 아니라, 좁고 깊은 커뮤니케이션을 선호합니다.

때로 볼살이 움푹움푹 패인 사람이 있습니다. 이 사람은 대단히 성미가 까다로운 경향이 있습니다. 관용성, 순응성, 사교성을 발휘할 때와 그렇지 않을 때가 극단적으로 나눕니다.

볼살은 감수성을 덮는 커버(cover)라고도 할 수 있습니다. 볼살이 풍부하면 할수록 감수성은 둔감해지고, 반대로 얇으면 얇을수록 민감해집니다. 볼살이 얇은 사람이 신경질적으로 보이는 것은 이 때문입니다.

또 볼살이 풍부한 사람은 환경의 영향에 물들기 쉽고, 볼살이 얇은 사람은 쉽게 물들지 않는 경향이 있습니다. 이렇게 말하면 조금 전의 로직(logic)에 약간 반하는 듯이 보입니다만, 볼살이 풍부한 사람은 감수성이 둔감한데 왜 환경의 영향을 받기 쉬울까요?

지금 여기에 노란색 물이 가득 찬 물 풍선이 있다고 칩시다. 볼살이 튼실한 A씨에게 물 풍선을 던지면 감수성이 둔하므로 날아오는 것을 알아차리지 못합니다. 물 풍선이 퍽하고 부딪쳐 터지면 A씨는 노랗게 물들고 맙니다.

반대로 볼살이 얇은 사람은 감수성이 민감하기 때문에 물 풍선이 날아오면 곧바로 알아차립니다.

「와아, 날아 온다」하고 곧장 감지하고 피하기 때문에 물들지 않습니다. 영향을 잘 받지 않는 셈이 됩니다.

결국, 볼살이 풍부한 사람은 누구와도 커뮤니케이션을 할 수 있지만 둔감하고 환경의 영향을 받기 쉽습니다.

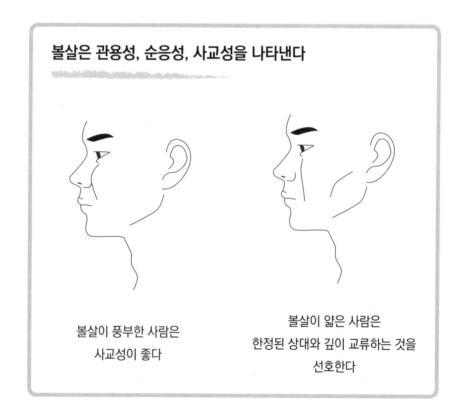

볼살은 관용성, 순응성, 사교성을 나타낸다

볼살이 풍부한 사람은
사교성이 좋다

볼살이 얇은 사람은
한정된 상대와 깊이 교류하는 것을
선호한다

볼살이 얇은 사람은 커뮤니케이션에서 까다롭게 상대를 고르고, 또한 민감해서 환경의 영향을 잘 받지 않습니다.

덧붙여서 볼살이 풍부하다는 것은 「뚱뚱하다」는 것과는 다릅니다. 정면에서 볼 때 볼살이 좋은 것처럼 보여도 옆에서 보면 평평한 사람이 많습니다. 이와 같은 사람은 커뮤니케이션에서 자신이 선택한 상대나 환경에 한정하게 됩니다. 결국, 상대를 확실하게 고르는 타입입니다. 이처럼 상모심리학은 평면이 아닌 입체적으로 보기 때문에 그만큼 정확성이 높습니다.

⠿ 볼살에 생기가 있는 사람은 문제 해결력이 높다

얼굴의 볼살은 생기와도 관련됩니다. 볼살이 풍부한 사람 중에서도 생기가 있는 사람과 없는 사람으로 나뉩니다.

생기는 모티베이션(motivation)의 높이와 문제에 대한 저항력을 나타냅니다. 볼살이 탱글탱글하다는 것은 생기가 있는 사람입니다. 볼살이 약간 말랑말랑한 사람은 생기가 없는 사람입니다. 볼살에 생기가 있는 사람은 문제가 있을 때 그것을 극복하려고 합니다. 반대로 볼살이 손가락을 누르면 푹 들어가는 듯한 사람은 「아, 안돼, 안돼, 무리야 무리」, 「피곤해, 그만 둬야지」 하면서 체념하는 경향이 있습니다. 문제를 대하는 저항력이 약하고 쉽게 편안한 방향으로 흘러갑니다.

회사에서 부하에게 문제를 극복할 힘이 있는지 없는지를 간파하기 위해서는 볼살의 생기를 보면 확실합니다. 탄력 있는 볼살이라면 문제가 일어난 경우에도 「저 친구라면 극복할 수 있다」하고 맡겨도 좋습니다. 역으로 볼살에 생기가 없으면 문제를 해결하기 위해서는 지속적으로 유심히 지켜볼 필요가 있습니다.

⠿ 입술이 얇은 사람은 쉽게 냉담해진다

입에 대해서는 몇 개의 어프로치가 있습니다. 우선 입술의 살집입니다. 입술이 두꺼운 사람은 온후하고 어조도 온화한 경향이 있습니다. 상대를 칭찬하는 데 능숙하고, 의욕을 북돋우는 어휘 구사력이 뛰어납니다.

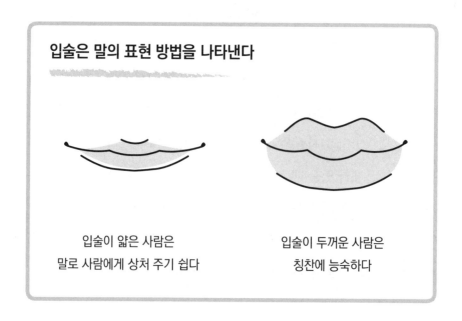

입술은 말의 표현 방법을 나타낸다

입술이 얇은 사람은
말로 사람에게 상처 주기 쉽다

입술이 두꺼운 사람은
칭찬에 능숙하다

입술이 얇은 사람은 때때로 말이 냉담합니다. 맞는 말이고 목적에 부합하지만 말이 칼이 되곤 합니다. 말로 상대방을 푹 찌르는 경향이 있으므로 신경을 써야하는 사람입니다.

자기 제어력이 강한가 약한가는 입매의 야무짐 정도를 보면 알 수 있습니다.

평소에도 입을 꽉 다물고 있는 사람은 자기 제어력이 강한 사람입니다. 차분하게 자제할 수 있기 때문에 업무에는 유리하지만 입을 한 일자로 심하게 꽉 다문 타입의 사람은 자제력이 너무 강해 중요한 지점에서 행동을 멈추는 경향이 있습니다.

전철이나 횡단보도에서 신호 대기를 하고 있을 때, 무심결에 주변이나 혹은 정면을 보면, 최근의 젊은이들은 입이 열려 있는 사람이 많다는 것을 눈치챌 겁니다. 전철에서 스마트폰에 빠져있는 사람의 입을 보면 역시 입이 열려 있습니다. 이러한 사람은 자기 제어력이 약한 것으로 간주할 수 있겠지요. 특히 입을 크게 벌리고 있는 사람은 장소 불문하고 해서는 안 될 행위를 한다든지, 해서는 안 되는 말을 해 버리는 경향이 있습니다.

반면 입이 약간 벌어진 사람은 상대에게 관용적인 인상을 줍니다. 그라비어(gravure)[7] 인쇄물에서 아이돌(idol)의 입이 반쯤 벌어진 경우가 많은 것은 좋은 의미에서 틈을 만들어 독자에게 받아들이기 쉽도록 하기 위한 것입니다.

---

7 그라비어(gravure) 인쇄: 사진제판에서 사용하는 스크린을 이용해서 판을 만드는 사진 오목판 인쇄를 말한다. 조각 오목판과 그라비어판과의 차이는 판의 화상이 망점으로 되어 있느냐 아니냐에 있다.

⁝ 입꼬리가 올라간 사람은 긍정적이다

마음의 동향은 입꼬리가 올라갔는가 내려갔는가를 보고 판단합니다. 입꼬리가 올라가 있는 사람은 낙관적이고 긍정적인 사고를 합니다. 입꼬리가 내려가 있는 사람은 비관적이고 부정적인 사고를 합니다.

회사에서 「저 녀석이 하는 말은 바른 말이지만 너무 직선적이야」라고 생각되는 부하가 있다면 입술의 「두터움 / 얇음」을 보십시오. 아마 그 사람의 입술은 얇을 것입니다.

혹은 「저 녀석 항상 도가 치나친데…」라고 생각하는 부하가 있다면 입을 다문 정도를 보십시오. 아마 그 사람의 입은 벌어져 있을 겁니다.

또 「저 녀석, 큰 문제가 일어나도 긍정적이네(적극적이네)…」라고 생각하는 부하가 있다면 입꼬리를 보십시오. 아마 그 사람의 입꼬리는 분명 올라가 있을 겁니다.

⁝ 이마가 곧은 사람은 대단히 완고하다

이어서 변하지 않는 부위에 대해서 이야기 하겠습니다. 첫 번째로 이마입니다.

이마의 경사는 거침없는 사고의 경향을 나타냅니다. 이마의 경사는 앞머리를 올려 옆얼굴을 보면 확실하게 식별할 수 있습니다. 옆에서 보면 경사가 있다, 옆에서 보면 일직선이다, 혹은 돌고래처럼 둥글다. 이 중의 하나로 나눌 수 있습니다.

이마의 경사는 사고의 속도를 나타냅니다. 경사가 강하면 강할수록 사고의 스피드는 빨라집니다. 빠른 것은 좋은 것이지만 그 반면 사고가 얕다고도 할 수 있습니다. 과도한 경사는 남에 대한 배려가 결여된 것을 나타냅니다.

이마가 곧은 사람은 사물을 깊이 파고 들어가면서 생각하는 타입입니다. 그러므로 사고의 스피드는 늦어지고 주장은 완강합니다. 이마가 일직선에 가까울수록 완고합니다. 때에 따라서 행동까지 늦어지는 경향이 있습니다.

돌고래처럼 볼록한 사람은 상상력이 엄청나게 풍부합니다. 지나친 상상력으로 망상에 빠지는 경우도 있습니다. 상상력 덩어리인 유아는 돌고래형이 많지만 성장하면서 경사가 일직선이 되느냐, 그대로 돌고래형으로 남느냐의 여부가 결정됩니다. 성장기가 끝나면 그 다음의 변화는 거의 없습니다.

::: 이마가 볼록한 사람은 시간을 들여 사물에 집착한다

당신의 부하에게 업무를 지시하는 경우, 이마가 경사졌느냐, 평평하냐에 따라서 어떤 업무를 부여하는 것이 더 효율적인지 어느 정도 시간이 걸리는지를 알 수 있습니다.

이마의 경사가 있는 부하에게 업무를 지시할 때는 급한 업무를 단시간에 처리하도록 하면 좋겠지요.

이마가 평평한 부하에게는 깊은 테마를 어느 정도 시간을 들여 차분하게 하도록 하는 것이 효과적입니다.

이마가 볼록한 부하에게 업무를 지시하는 경우, 무에서 유를 창조하는 업무를 가능한 한 시간에 구애 받지 않고 처리하도록 하는 것이 득입니다. 이마의 경향을 모르면 리더 자신이 안절부절하게 됩니다.

이마가 곧은 부하에게 업무 지시했더니 좀처럼 진전이 없어서 「저 녀석 늦네」하고 초초해 해도 본인은 느긋한 마음으로 업무를 대합니다. 시간이 허락한다면 「저 녀석은 차분히 생각하고 있다」라고 이해하는 것만으로 자신의 초조함이 줄어들 겁니다.

이마가 볼록한 부하에게 충분한 시간을 주고 업무를 지시했는데도 전혀 결과를 내지 못한다면 본인이 이미 몽상의 세계에 들어가 있는지도 모르겠습니다. 완전히 푹 빠져있으므로 때로는 현실로 되돌리는 것도 필요합니다.

업무 처리가 빠른 이마가 경사진 부하에게 업무를 지시했는데 전혀 진전이 없다면 이것은 문제입니다. 지시한 업무 이외의 뭔가 다른 문제가 있는 것으로 생각할 수 있습니다. 경사, 평평함, 볼록함. 이 3가지에 따라서 사고의 스피드와 경향이 다르다는 것을 알 수 있습니다.

이마의 경사는 사고의 경향을 나타낸다

이마가 경사진 사람은
사고의 스피드가 빠르다

이마가 일직선인 사람은
숙고형(熟考形)이다

이마가 볼록한 사람은
상상력이 풍부하다

::: 턱이 앞으로 나온 사람은 쉽게 야망을 실현시킨다

다음으로 변하지 않는 부위는 턱입니다. 보는 것은 턱끝입니다.

턱끝이 가늘고 뾰족한가, 혹은 견고하고 평평한 면이 있는가. 턱끝의 형상은 야망의 크기를 나타냅니다.

턱끝이 평평하면서 견고하고 묵직한 사람은 야망이 있고, 자신감이 넘치는 타입입니다.

한편 턱끝이 뾰족한 사람은 그다지 스스로에 대한 자신감이 없고, 야망도 없는 사람이 대부분입니다. 스스로 자신이 없으므로 「대단한 일을 할 수 있다」라고 생각하지 않고 적극적으로 행동하려고도 하지 않습니다.

야망의 크기 다음은 실행력입니다. 옆얼굴에서 턱을 보겠습니다. 기준은 눈썹 끝보다 턱이 앞으로 나왔는가 아닌가를 구별하는 것입니다.

턱이 앞으로 나온 사람은 자기자신의 힘으로 야망을 실현시킬 능력이 있습니다. 턱이 안으로 들어간 사람은 뒤에서 누군가가 밀어주거나 뭔가 기댈 언덕이 없이 혼자서 자신의 야망을 실현하는 것이 무척 어려운 타입입니다.

중요한 것은 야망의 「크기」와 야망의 「실행력」은 별도의 문제라는 것입니다. 그러므로 앞과 옆에서 턱끝을 볼 필요가 있습니다.

턱은 야망의 크기를 나타낸다

턱이 평평한 사람은
야망과 자신감이 넘친다

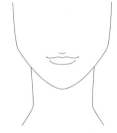

턱이 가는 사람은
야망이 없다

턱이 튀어나온 사람은
야망을 실현할 힘이 있다

턱이 들어간 사람은
야망의 실현을 위해
후원이 필요하다

::: 광대뼈가 튀어나온 사람은 애정이 깊다

이마나 턱이 변하지 않는 것은 뼈대에 속하기 때문입니다. 골격은 성장기를 지나면 환경의 변화와 스트레스에 의하여 크게 변하지 않습니다. 변하지 않기 때문에 그 사람의 본질이 나타나고 그 본질을 파악할 수 있다고 해도 과언이 아닙니다.

얼굴의 골격에서 이마와 턱 다음으로 주목해야 할 곳은 광대뼈입니다. 광대뼈가 알려주는 것은 사회적 욕구와 애정 욕구입니다. 광대뼈가 튀어나온 타입, 광대뼈가 튀어나오지 않은 타입으로 나누면 당신은 어느 쪽에 속할까요?

광대뼈가 튀어나오면 나올수록 사회적 욕구, 애정 욕구가 강합니다. 그만큼 애정이 깊습니다만, 튀어나온 만큼 상대에게까지 그 욕구를 강요하기 쉬운 경향이 있습니다. 만족을 모르는 광대뼈라고 할 수 있습니다. 역으로 광대뼈가 튀어나오지 않은 사람은 사회적 욕구, 애정 욕구가 그다지 강하지 않습니다.

일례로 광대뼈가 튀어나온 사람은 애정 나눔을 추구하므로 자선 활동 등에도 적극적으로 참가합니다. 이것은 착한 활동이고 본인도 좋아서 하는 일이지만 실은 자선 활동을 하고 있는 자신에게 만족하는 타입으로, 상대가 진심으로 행복한지 아닌지에 대해서는 이차적인 문제가 되기도 합니다. 자신이 광대뼈가 튀어나온 사람이라고 생각한다면 자신의 애정이 상대에게 부담이 되는 것은 아닌지 상대의 입장이나 상황을 고려할 필요가 있습니다.

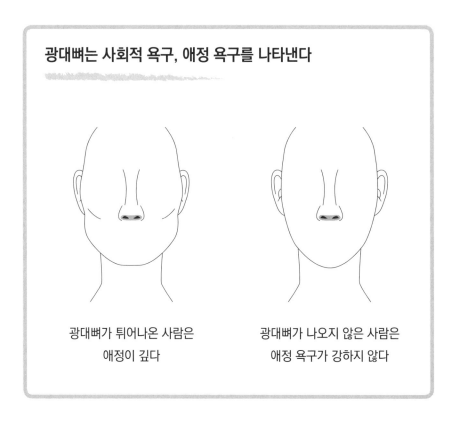

광대뼈는 사회적 욕구, 애정 욕구를 나타낸다

광대뼈가 튀어나온 사람은
애정이 깊다

광대뼈가 나오지 않은 사람은
애정 욕구가 강하지 않다

⫶⫶ 한난차(寒暖差, 추위와 따뜻함의 차이)로 얼굴은 변한다

앞에서 언급했듯이 얼굴의 성형에 커다란 영향을 주는 것으로 환경을 들 수 있습니다. 우선은 「집」을 예로 들어 생각해 봅시다. 따뜻한 지역과 추운 지역에서는 같은 집이라도 구조가 완전히 다릅니다.

따뜻한 지역에서는 집의 창이 크고 개방되어 있습니다. 건물의 벽도 온난하므로 얇습니다. 대조적으로 추운 지역에서는 건물의 벽을 두껍게 만듭니다. 창문도 작고 어딘지 모르게 폐쇄적입니다.

이러한 집의 구조를 그대로 얼굴 구성에 고스란히 적용해 볼 수 있습니다. 따뜻한 지역에 사는 사람의 얼굴은 눈, 코, 입이 큽니다. 즉 개방적이고 활동적이며 쾌활한 느낌입니다.

한편 추운 지방에 사는 사람의 얼굴은 눈, 코, 입이 닫혀 있습니다. 말하자면 폐쇄적인 경향이 있어 접근하기 어렵게 느껴집니다. 환경이 얼굴에 가한 영향은 상상 이상으로 큽니다. 같은 인간이라도 어디서 자랐는가, 어디에 사느냐에 따라서 상당히 달라집니다.

한마디로 환경이라고 하면 너무 막연하지만 상모심리학적으로는 대략 둘로 나눌 수 있습니다. 하나는 문자 그대로 주거 환경이고 다른 하나는 인간관계입니다. 전자에 대해서는 집 구성 부분에서 설명했기 때문에 후자에 대해서 좀 더 상세하게 이야기하겠습니다.

⠿ 외부 자극이 얼굴 변화를 초래한다

사람은 매일 많은 사람과 커뮤니케이션을 합니다. 그러한 관계 속에서 서로 영향을 주고 받습니다.

성과가 좋은 사람을 앞에 두고 「이 사람처럼 노력해야지」라고 크게 자극을 받거나 감화를 받는다든지 하면 내면이 바뀝니다. 외부 자극에 의한 내면의 변화가 얼굴의 기관·부위에 영향을 끼칩니다.

예를 들면 입꼬리가 올라간다든지, 눈꼬리가 올라간다든지, 귀가 정면에서 보인다든지, 볼살이 풍성해진다든지 합니다. 「변하는 부분은 눈·코·입·귀·살집(볼살)」이라고 했지만 외부 자극에 따라서 이러한 부분이 달라집니다.

극단적인 예를 하나 들어보지요.

「시킨 대로 하면 돼」

이런 식으로 강압적인 상사가 있는 직장에서는 부하는 필연적으로 지시만 기다립니다. 의욕이나 독립심이 왕성했다고 해도 「저 사람이 시키는 대로 하면 만사 오케이」라고 생각하며 점차적으로 일에 대해서 소극적이 됩니다. 그 내면의 변화가 「정면에서 보이던 귀가 안 보인다」, 「눈꼬리가 처진다」는 식으로 외형의 변화로 반영됩니다.

「책임은 내가 진다, 스스로 생각해서 행동하라」

반대로 상사가 자주성을 중히 여기는 자세를 취한다면 당연히 부하의 내면도 달라집니다. 지시만 기다리던 부하도 「어떻게 하면 잘 될까?」 시행착오를 거듭한다든지, 어려운 과제에도 도전한다든지 하게 됩니다.

내면의 변화가 「가늘었던 눈이 크게 확 뜨인다」, 「살집에 생기가 돈다」는 식으로 외형 변화로 연결됩니다.

태어났을 때의 환경은 선택할 수 없습니다. 그러나 어른이 되면 자기 자신이 직접 선택할 수 있습니다. 주거 환경이나 인간관계 양쪽 다 마찬가지 입니다. 환경이 내면에 영향을 미치고 얼굴의 눈·코·입·귀·살집이 변하도록 합니다.

덧붙여서 말하면 아이들은 어른 이상으로 환경에 의한 변화가 일어나기 쉽습니다. 어린이는 신체적 성장에 따라서 얼굴이 변한다고 생각하기 쉽지만, 오히려 환경에 의한 영향 쪽이 크다고 할 수 있습니다.

유소년기의 아이는 부모나 선생님 같은 어른들의 말을 잘 듣습니다. 이 시기에 접한 어른의 커뮤니케이션 스타일(아이에게 있어서는 외부 자극)에 따라 아이의 얼굴이 크게 바뀝니다. 어른이 지시나 명령만 한다면 아이의 귀가 정면에서 보이지 않게 됩니다. 반대로 자주성을 중시한다면 아이의 귀가 정면에서 선명하게 보이게 됩니다.

환경에 의해서 얼굴이 바뀐다는 사실을 좀더 신중하게 인식하면 좋을 것입니다.

∷ 성형수술만으로 인생은 변하지 않는다

「얼굴이 변하면 인생이 바뀐다」

이렇게 말하면 「성형을 하면 되나?」라고 의문을 품는 사람이 있을지 모르겠습니다. 상모심리학자로서 성형을 권하지 않는다는 것은 미리 강조해 둡니다.

성형을 하면 얼굴이 바뀝니다. 지금은 기술이 발달해서 얼굴 고치는 것은 일도 아닙니다. 당연히 이것은 어디까지나 얼굴의 외형을 고치는 데 불과합니다. 성형수술로 얼굴을 고친 사람의 후일담은 대강 다음의 둘로 나뉩니다.

달라진 외모를 보고 사람들이 「예뻐졌다」라고 하므로, 자신에게 자신감을 갖게 된 사람은 적극적으로 행동하게 됩니다. 이런 사람은 「얼굴이 바뀐 자신 = 진짜 자신」으로 생각하게 되겠지요. 예전의 자신과는 마음이나 얼굴이 몰라볼 정도로 변화해 나갈 겁니다.

한편 본인이 바라는 대로 얼굴이 바뀌어 모처럼 주변 사람들로부터 「예뻐졌네」라는 말을 들어도 「정말?」하고 의문을 품는 사람도 있습니다. 얼굴은 바뀌었지만 자신감을 갖지 못하고 마음은 변하지 않은 채 이전의 자신과 같은 인생을 지속하게 됩니다. 이점을 지적한 것이 미국의 성형외과 의사 막스웰 몰츠 박사[8] 입니다.

---

8 막스웰 몰츠 박사: 컬럼비아대학교에서 의학 박사 학위를 취득하였고, 성형외과 의사로서 암스테르담대학, 파리대학, 로마대학 등에 교수로 재직했다. 성형외과 의사로 수많은 환자들의 상담과 수술을 하면서, 사람들에게 절실한 것은 외모의 교정보다는 '실패'와 '부정적 신념'으로 왜곡된 내면의 자아 이미지를 바꾸는 '마음의 성형수술'이라는 사실을 깨닫고 진정한 변화를 위한 성공 실천 프로그램을 창안하는 데 몰두했다.
　　1960년 그는 의학, 생리학, 심리학, 미사일 유도 기술 등 광범위한 분야에 대한 연구를 바탕으로 기업가, 운동선수, 세일즈맨 등 다양한 분야에서 성공한 사람들의 조건을 분석한 결과를 집약하여 사이코사이버네틱스 (PSYCHO-CYBERNETICS)라는 성공의 법칙을 완성했다.
　　저서로 『새로운 얼굴, 새로운 미래』, 『피그말리온 박사』, 『막스웰 몰츠의 성공의 법칙』 등이 있다.

몰츠 박사는 제2차 세계 대전 때 많은 여성들의 성형수술을 했습니다. 수술의 반응은 크게 둘로 나뉘었습니다. 앞에서 말한 대로 자신감을 갖고 인생을 호전시킨 사람과 자신감을 갖지 못해 인생을 변화시키지 못한 사람입니다. 수많은 임상 결과 몰츠 박사는 다음과 같은 결론을 내립니다. 그것은 「아무리 얼굴을 바꿔도 내면이 변하지 않으면 인생은 바뀌지 않는다」는 것입니다.

성형으로 인생이 바뀐 사람은 외모의 변화보다도 오히려 내면의 변화에 의한 영향이 크다고 할 수 있습니다. 내면의 변화가 대인 관계라는 환경을 바꾸고, 자신의 인생을 바꿀 수 있는 것입니다. 반대로 성형을 해도 인생이 바뀌지 않는 사람은 외모는 변해도 「달라진 얼굴의 소유자는 진짜 자신이 아니다」라는 부정적인 생각이 크고, 전술한 「이런 얼굴은 싫다」라고 생각하던 시절과 비교해서 내면의 변화가 없습니다. 그러므로 환경도 바뀌지 않고 나아가서는 인생도 바꿀 수가 없습니다.

나 자신은 「성형은 좋지 않다」라고 말할 생각은 없습니다. 성형을 하고 안 하고는 개인의 자유입니다. 단지 성형에 의해서 얼굴을 바꾸는 것이 인생을 바꾼다는 단순한 주장이 맞지 않다는 것을 지적하고 싶을 뿐입니다.

내면이 변하기 때문에 얼굴이 바뀝니다. 또 인생도 바뀝니다. 이것이 「상모심리학의 대원칙」입니다.

⠿ 기관 · 부위에 나타난 특징을 통합한다

이 장의 마무리를 겸해서 다음 페이지에 실은 A, B, C에 관한 두 가지 질문과 그 답이 어떤 식으로 도출 되었는지를 살펴 보겠습니다.

우선은 트러블(trouble) 메이커인 A에 대해서입니다.

A가 자기 주장이 강하다는 것은 광대뼈의 돌출로 알 수 있습니다. 환경과 타인에 대한 관용성, 순응성이 낮은 것은 윤곽이 가늘고 살집의 평탄함으로 파악할 수 있습니다. 자신의 야망을 실현시키기 위해서 주위에 지나친 요구를 하는 것은 과도하게 돌출된 광대뼈가 보여주고 있습니다. 이러한 분석에 따라 A가 트러블(trouble)을 일으키기 쉽다고 판단했습니다.

물론 플러스적인 면도 있습니다. 듬직한 턱끝이 나타내는 풍부한 야망, 과도한 광대뼈 돌출이 보여주는 탐욕이 서로 어울려서 큰 계약을 따낸다든지 권위 있는 상을 받아 주변을 놀라게 하는 성과를 올릴 수 있는 힘을 갖고 있습니다. 트러블(trouble)을 일으킬지 모르겠지만 한방이 있는 양날의 검을 가진 사람이 A입니다.

다음은 B에 대해서입니다. 눈꼬리가 올라간 것과 살집의 생기와 풍부함을 보고 강한 의지와 문제 극복 능력, 책임감을 간파할 수 있습니다. 눈과 눈 사이가 벌어져 호기심이 왕성하고, 곧은 관자놀이로 아이디어를 현실적 사고로 치환하는 힘이 강한 것으로 판단할 수 있습니다. 이러한 분석으로 팀을 아우르는 힘을 갖고 있어 안심하고 일을 맡길 수 있는 사람은 B로 결론을 내릴 수 있습니다.

때로는 책임감이 너무 강한 나머지, 생각을 솔직하게 털어놓아 버리는 경우도 있습니다. 이것은 콧구멍이 보이는것으로 엿볼 수 있습니다.

A   B   C

사진제공 : IStock

Q1 이 중에서 업무를 맡기기에 가장 적합한 사람은 누구인가?

Q2 이 중에서 가장 트러블(trouble)을 일으키기 쉬운 사람은 누구인가?

(답 : Q1☞B, Q2☞A)

당연히 꼭 다문 입술도 자제력의 강도, 입술의 살집의 풍부함으로 상대를 포용하는 듯한 말을 잘 하는 것을 알 수 있습니다. 듣는 편이지만 상처를 줄 것 같은 말투는 하지 않는 타입입니다.

A, B와 비교하면 약간 개성이 약한 사람이 C입니다. 살집이 평탄하

므로 C는 커뮤니케이션 욕구가 있지만, 한정된 소수의 상대와 사귀는 타입으로 분석할 수 있습니다. 턱끝이 듬직하므로 야망은 풍부하고 관자놀이가 곧아 아이디어를 현실적 사고로 치환하는 능력을 갖고 있습니다. 그렇지만 눈꼬리가 올라가고 살집의 평평함이 자신의 흥미 위주로만 손을 펼치는 경향을 나타냅니다. 결코 업무를 못한다는 이야기가 아니고 자기 방식대로 하는 스타일이라고 할 수 있습니다.

이와 같이 개별 기관·부위에 나타나는 특징을 통합해 나가면 그 사람의 경향과 커뮤니케이션 스타일이 보입니다.

⠿ 기관·부위의 특징으로 간파한 성격·행동의 장단점

눈	● **눈꼬리가 올라가 있다** → 흥미 있는 것을 추구한다 / 다른 사람의 의견을 받아들이지 않고 시야가 좁다 ● **눈꼬리가 처져 있다** → 다른 사람의 이야기를 잘 듣고, 사물을 간파하는 능력이 있다 / 남의 의견에 휩쓸리기 쉽다 ● **동그랗게 뜨고 있다** → 호기심이 왕성하고 많은 정보를 모으는 것이 특기이다 / 눈으로 본 것에 영향 받기 쉬운 줏대 없는 면이 있다 ● **가늘다** → 양보다 질로 그것도 자신의 눈으로 확실하게 선택한다 / 선택 욕구가 강하다 ● **눈과 눈 사이가 넓다** → 호기심이 왕성하고 많은 정보를 수집하는 것이 특기이다 / 의식이 산만하고 한 곳에 집중하지 못한다 ● **눈과 눈 사이가 좁다** → 하나에 집중하는 능력이 있다 / 한 번에 여러 곳에 눈을 돌리지 못한다

코	● **구멍이 보인다** → 생각한 것을 솔직하게 말한다 / 쉽게 발설해 섬세함이 없다 ● **구멍이 안 보인다** → 본심을 말하지 않는 비밀주의이다 / 본심을 눈치챌 수 없다 ● **콧날에 경사가 있다** → 자신의 생각과 사고를 상대방에게 확실하게 전달할 수 있다 / 때로는 강하게 전하는 경향이 있다 ● **콧날에 경사가 없다** → 자신의 생각과 사고를 솔직하게 전달하는 데 서툴다 / 조심성이 있다 ● **콧날이 물결치다** → 다른 사람의 말과 정보에 민감하다 / 기분이 상하기 쉽다
입	● **입술이 두텁다** → 온후하고 어조도 침착하다 ● **입술이 얇다** → 정확한 반면 어조가 냉담해지기 쉽다 ● **열려 있다** → 자기 콘트롤이 안 된다 / 과도한 개방은 관용적인 인상을 준다 ● **다물고 있다** → 자기 콘트롤을 할 수 있다 / 자제력이 행동을 막아버리는 경우도 있다 ● **입꼬리가 올라가 있다** → 긍정적인 사고를 한다 ● **입꼬리가 처져 있다** → 부정적인 사고를 한다
이마	● **경사가 있다** → 사고의 스피드가 빠르다 / 때로는 조급함으로 남에 대한 배려가 없다 ● **일직선** → 사물을 깊이 파고들어 가면서 생각한다 / 즉흥성이 결여되어 있고 완고하다 ● **볼록하게 튀어 나옴** → 상상력이 풍부하다 / 망상 기미가 있다

귀	• **정면에서 보인다** → 독립심이 강하고, 현실과 타협하지 않는다 • **정면에서 안 보인다** → 무사안일주의로 현실과 타협한다 / 현실에 만족한다
관자놀이	• **일직선** → 상상이나 아이디어를 이론적, 현실적 사고로 치환하는 능력이 있다 • **꺼져 있다** → 사고력이 있다/상식에 얽매이지 않는다 • **푹 꺼져 있다** → 하나에 고집을 부리고, 제자리걸음을 하기 쉽다 / 신중하다
광대뼈	• **돌출되어 있다** → 애정 욕구가 강하다 / 돌출이 크면 클수록 상대에 대한 애정 욕구를 강요한다 • **돌출되어 있지 않다** → 애정 욕구가 강하지 않다 / 남에게 강요하지도 않는다
턱끝	• **듬직하고 옆에서 보면 앞으로 나와 있다** → 야망과 실행력이 있다 / 자신의 의견을 상대에게 강요하는 경향이 있다 • **듬직하지만 옆에서 보면 들어가 있다** → 야망이 있다 / 야망의 실현에는 사회적인 후원이나 타인의 존재가 필요하다 • **가늘고 뾰족하다** → 야망이 없고 자신이나 타인을 그다지 신뢰하지 않는다

| 살집
(볼살) | ● **풍성하다** → 다른 사람에 대한 관용성, 순응성, 사교성이 있다 / 환경이나 다른 사람의 영향을 쉽게 받고 둔감하다

● **얇다** → 남에 대한 관용성, 순응성, 사교성이 없다 / 자신이 선택한 상대에게는 깊이 마음을 연다

● **움푹움푹하다** → 정열적 / 감정의 변화가 심하고 성미가 까다롭다

● **생기가 있다** → 모티베이션이 높고 문제에 대한 저항력이 높다 / 과도한 생기는 침착함의 결여로 연결된다

● **생기가 없다** → 모티베이션이 낮고 문제 저항력이 낮다 / 동조성은 높지만 문제가 생기면 포기한다 |

얼굴은
3개의 ZONE으로 나뉜다

::: 3개의 Zone이란

이 장에서는 얼굴에서 3개의 Zone을 보는 방법을 설명하겠습니다.

상모심리학에서는 얼굴의 어느 부분이 넓은지를 관찰해서 그 사람의 동기, 원동력, 만족감을 얻는 근원 등을 파악할 수 있습니다. 이들의 원천을 알려주는 것이 「확장 Zone」[9]입니다. 이것은 성인이 된 후에는 크게 변하지 않습니다.

얼굴은 「사고」, 「감정」, 「활동」의 3개의 Zone으로 나눌 수 있습니다.

이마의 가장 윗자리부터 눈 아래까지가 사고 Zone으로 사고(思考)에 관한 것을 알려줍니다.

이어서 눈 아래부터 입술 위까지가 감정 Zone으로 커뮤니케이션, 애정에 관한 것을 알려줍니다.

마지막으로 입술 위에서부터 턱끝까지가 활동 Zone으로 행동이나 본능에 관한 것을 알려줍니다.

얼굴을 셋으로 분할하였을 때 면적이 가장 넓은 Zone의 특징이 그 사람의 개성으로 가장 강하게 나타납니다.

이마의 맨 윗부분부터 눈 아래까지가 가장 넓다면 그 사람은 사고 Zone의 특징을 많이 갖고 있습니다. 같은 방식으로 눈 아래에서 입술까지가 가장 넓다면 그 사람은 감정 Zone, 입술 위에서부터 턱끝까지가 가장 넓다면 그 사람은 활동 Zone이 됩니다.

---

9   「확장 Zone」: 얼굴의 세 부분 중에서 면적이 가장 넓은 부분

기관·부위에 표출된 특징에 더해서, 확장 Zone에 의한 타입 분석을 사용하면 보다 더 그 사람의 본질을 파악할 수 있습니다.

그럼 곧바로 사고 Zone, 감정 Zone, 활동 Zone 각각의 특징에 대해서 살펴 봅시다.

얼굴을 셋으로 분할한다

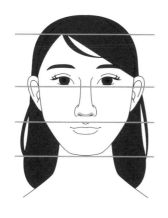

이마 가장 윗부분에서 눈 아래까지의 면적이 넓은 사람은 **사고 Zone**

눈 아래에서 입술 위까지의 면적이 넓은 사람은 **감정 Zone**

입술 위부터 턱끝까지의 면적이 넓은 사람은 **활동 Zone**

⠿ 지적 우위냐, 감정 우위냐, 이익 우선이냐

사고 Zone이 확장되어 있는 사람은 이마나 눈에 임팩트가 있는 역삼각형 타입입니다.

지식과 미적 센스가 만족의 원천으로, 지식과 교양·시각으로 들어오는 정보가 호기심을 자극해 행동의 원동력이 됩니다.

사고 Zone에는 눈이 포함됩니다. 자신의 눈으로 본 정보에는 민감하게 반응하고, 특히 아름다운 것을 보는 것, 예를 들면 예술품 감상을 즐깁니다.

상상력도 풍부하고, 지적 상상력을 자극하는 것에 만족감을 느낍니다. 때로는 상상력이 너무 풍부해 망상, 공상으로 내달리는 경향도 있습니다. 또 사물을 이론이나 이치로 생각하는 것이 특기입니다. 이상주의적인 면도 볼 수 있습니다.

이어서 감정 Zone이 넓은 사람은 광대뼈가 툭 튀어나온 6각형 타입입니다.

커뮤니케이션과 감정 공유가 만족감의 원천으로, 기분의 공유, 나눔이 행동의 원동력이 됩니다. 커뮤니케이션 능력이 뛰어난 사람이 많고, 활동 범위를 적극적으로 넓히는 것을 잘 합니다.

동시에 자신의 존재 가치를 인정받고 싶은 욕구가 아주 강한 타입입니다. 「자신은 모든 사람을 좋아한다. 고로 여러분도 나를 좋아해야 한다」라는 인정 욕구입니다.

감정으로 사물을 판단하므로 객관성이 결여되는 경우가 있습니다. 옳고 그름은 별도로 하고, 뭐든지 좋아함과 싫어함으로 선택해 버리는 경향이 있습니다.

활동 Zone이 넓은 사람은 턱이나 입 주위에 임팩트가 있는 사다리꼴 타입입니다. 경향으로 보면 일본인에는 적은 타입입니다. 물욕, 식욕 등 본능에 근거한 활동이 만족의 원천으로 물질적 가치나 현실적 이익, 목표와 숫자가 행동의 원동력이 됩니다.

활동 Zone이 넓은 사람은 손재주가 있는 사람입니다. 도구를 잘 다루고, 집안일이나 요리에 뜨개질, 양재(洋裁) 등이 특기입니다. 돈을 다루는 데도 능숙합니다. 미식가가 많은 것도 특징입니다.

물질주의·현실주의로 눈에 보이지 않는 명성보다 물질이나 돈 등 형태가 있는 것을 추구합니다. 사용할 수 있느냐 없느냐의 실용 가치를 판단하는 능력도 뛰어납니다. 이것은 사람에 대해서도 동일하게 적용됩니다.

이어서 이 3개의 Zone에 대해서 업무를 예로 들어 비교해 보겠습니다.

⣿ 무에서 유를 창조하는 「사고 Zone」

사고 Zone이 넓은 사람은 상상력이 풍부하므로 무에서 유를 창조하는 일을 잘합니다. 만약 이 타입의 부하인 경우 업무 지시 포인트는 둘입니다.

하나는 「그 일을 하는 의미를 명확하게 설명해서 납득시킬 것」, 다른 하나는 「그 사람의 실력·능력보다 조금 높은 단계의 업무를 지시

할 것」입니다.

사고 Zone의 사람은 무엇이든 이해하지 않으면 받아들이지 않습니다. 업무를 지시 받았을 때도 그 목적과 의미를 이해하려고 하기 때문에 「이것 좀 해주지 않을래?」라고만 지시를 해도 「목적이 뭡니까?」, 「누구를 위한 겁니까?」하고 의문을 품고, 납득이 가지 않는 한 마음 속으로 받아들이려 하지 않습니다. 회답은 반드시 명확하게 하는 것이 중요합니다.

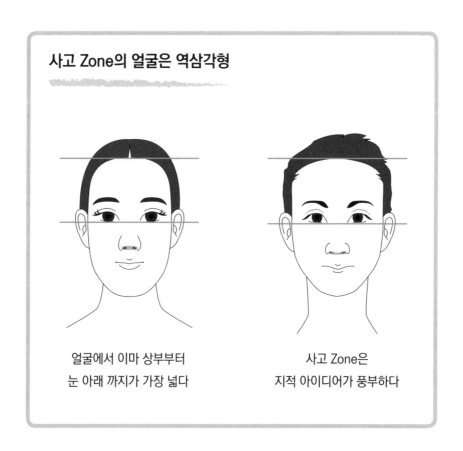

사고 Zone의 얼굴은 역삼각형

얼굴에서 이마 상부부터
눈 아래 까지가 가장 넓다

사고 Zone은
지적 아이디어가 풍부하다

아는 척 하는 것은 절대 금물입니다. 적당하게 대답하면 바로 경멸합니다. 사고 Zone인 사람에게는 모르는 것은 「모른다」고 솔직하게 말하는 것이 최선입니다. 모른다고 바보 취급 할리 없고 역으로 배우려는 자세를 보이는 사람에 대해서는 상대방이 이해할 때까지 알기 쉽게 설명해 줍니다.

또 사고 Zone인 사람은 지적 호기심이 자극 받지 않으면 동기부여가 되지 않습니다. 자신의 능력이나 실력보다도 레벨이 낮은 일을 지시하면 「과소 평가받았다」라고 느껴 업무에 호기심이 생기지 않습니다.

업무를 자신의 실력·능력을 초월할 수 있느냐 없느냐 하는 도전과제로 삼고, 적극적으로 매진합니다. 「어떻게 하면 좋을까?」하고 상상력을 발휘하고, 이상의 실현을 위해 모든 방법을 생각합니다.

이 타입의 부하에게는 실력이나 능력보다도 약간 난이도 높은 업무를 맡기는 것이 좋습니다. 그렇다고 이 사람의 실력·능력보다 너무 높은 난이도의 일을 지시하면 풍부한 상상력이 마이너스로 작용해 「무리, 무리」, 「이것은 도저히 불가능하다」라고 머릿속으로 포기하고 일찌감치 백기를 들고 맙니다.

「조금 위」, 「조금 더」를 지향하며, 최종적으로 재능의 꽃을 피우는 것이 사고 Zone의 특징입니다.

또 다른 사람으로부터 「이것 해라」, 「저것 해라」라는 말을 듣는 것을 몹시 싫어합니다. 잘 되라고 하는 말이라도 시시콜콜 간섭하지 않는 편이 현명합니다. 상위 레벨의 업무에 매진하다 실패했을 때만 힘이 되어 주는 존재가 되면 대단히 좋아합니다.

당신이 영업 담당이고 사고 Zone의 고객에게 자동차를 팔고 싶은 경우를 생각해 봅시다. 이 타입은 차의 기능이나 성능에 대해서 상세하게 설명하는 것이 포인트입니다. 자신의 눈으로 본 정보를 선호하므로 카탈로그 같은 게 있으면 보여주면서 설명하는 게 좋습니다.

특정 상품에 대해, 「이것은 뭐지요?」, 「어떻게 작동하지요?」, 「어떻게 해서 이렇게 되었지요?」하고 속사포처럼 질문을 하는 경우에는 당신은 정확하게 대답해야 합니다. 물론 아는 척하는 것은 금물입니다. 적당히 넘어가는 대답은 상대방을 초조하게 만듭니다.

설명에 납득을 하면 다음은 호기심을 자극하는 이미지 만들기를 시도 합니다. 상상력이 풍부하므로 자극을 능숙하게 받아들입니다.

「이 빨간 스포츠카로 해변을 달리면 푸른 하늘과 바다에 붉은 빛이 반사되어 멋지겠지요」. 가능한 한 구체적으로 그 장면을 상상하도록 해서, 구매 의욕을 불러일으킵니다. 동영상이 있다면 보여주는 것도 효과적입니다. 소유하기 전에 상상력으로 자신을 그 영상 속에 투영시켜 구매 욕구가 샘솟게 합니다.

⋮⋮⋮ 자신의 기분을 소중히 하는 「감정 Zone」

감정 Zone인 사람이 그 능력을 발휘하기 위해서는 기분의 고조나

「좋아함」이라는 감정이 원동력이 됩니다. 감정 Zone이 넓은 사람은 자발성, 열정도 모두 감정에 따라 일어납니다.

　양호한 커뮤니케이션을 유지하려면 개인적인 화제나 연결 고리를 갖는 것이 중요합니다. 예를 들면 업무를 하고 있을 때에도 「엄마, 아빠는 건강해?」, 「아이들의 학업, 부모 모시기도 힘들지?」 같은 개인적인 사정도 물어보면 커뮤니케이션이 순조롭게 진행됩니다. 특히 공감과 공유를 대단히 선호하므로 공통의 화제가 있으면 단번에 거리가 가까워집니다. 만약 이런 타입의 부하라면 존재 가치를 인정해 주는 것이 포인트입니다.

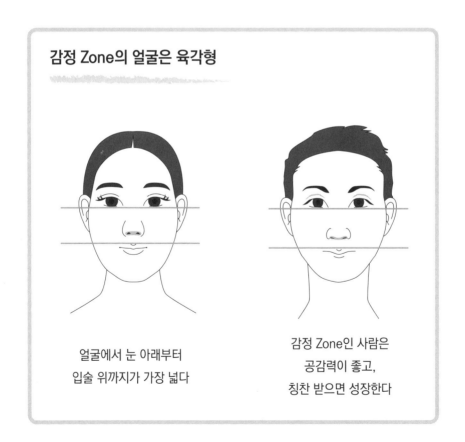

감정 Zone의 얼굴은 육각형

얼굴에서 눈 아래부터
입술 위까지가 가장 넓다

감정 Zone인 사람은
공감력이 좋고,
칭찬 받으면 성장한다

감정 Zone에는 귀가 있습니다. 귀로 들어오는 말과 정보에 민감하게 반응해 의욕적으로 느끼고 행동합니다. 「자네만 이 일을 할 수 있을 것 같아」라고 상대를 인정하고 칭찬하는 말, 일본식으로 말하면 일종의 부추김에 의해서 재능이 꽃핀다고도 할 수 있습니다.

또 코도 감정 Zone에 위치하고 있습니다. 「코가 볼록하다」라는 말을 듣는 것처럼 코는 감정이 직접적으로 나타나기 쉬운 기관이기도 합니다. 코의 상태는 그 사람의 감정을 정직하게 반영합니다.

감정 Zone인 고객에게 차를 팔고 싶은 케이스를 생각해 봅시다. 이 타입의 경우, 차 그 자체보다는 우선은 상대와의 감정 공유를 우선시해야 합니다.

「아직도 육아에 많은 시간을 빼앗기지요. 혼자만의 시간이 없어서 힘들지요. 그렇지만 차를 타면 혼자만의 시간을 만들 수 있습니다. 아이들과 함께 타는 것도 즐거운 일이지만 혼자서 드라이브하는 것도 좋습니다」

이런 식으로 상대방과 공감을 합니다.

「아, 이 사람은 내 사정을 조금은 알아 주네. 좋은 사람일지도 모르겠다. 차를 산다면 이 사람이 좋을 것 같아…」 상품보다도 우선은 당신 자신을 마음에 들어 하도록 신경을 쓰면 구매로 연결될 가능성이 높아집니다. 주의할 것은 감정 Zone은 종종 「단지 기분의 공유」로 끝나버리는 경우도 있다는 사실입니다. 「이 사람은 말이 통해서 즐거웠다」로 만족해서 돌아가 버리고 다음 번에는 다른 점포로 가 버리기도 합니다.

그러므로 「이 사람은 구매할 사람인지, 아닌지」의 진위를 신중하게 판단할 필요가 있습니다. 만약 고객이 주저하고 있다면 성능이나 가격보다는 고객이 선호하는 차를 안내하면서 「실은 나도 이 차를 가장 좋아합니다」라고 기호를 공유하는 것이 중요합니다. 한번 사이가 좋아지면 오랜 기간 잘 지낼 수 있는 것도 감정 Zone 고객의 특징입니다.

⦂⦂⦂ 숫자를 가장 좋아하는 「활동 Zone」

활동 Zone인 사람은 사고 Zone과는 정반대의 현실주의입니다. 눈 앞에 있는 1을 2로, 2를 3으로 확대하는 업무가 특기입니다. 활동 Zone이 넓은 사람은 3개의 Zone 중에서는 가장 사업적이라고 할 수 있습니다.

활동 Zone인 사람이 부하인 경우 눈 앞에 보이는 현실과 숫자가 전부이므로 추상적인 이미지나 컨셉을 연발해도 「무슨 말을 하고 싶습니까?」하고 이해를 못합니다. 또 눈에 보이는 업무에서 「이렇게 하면 저렇게 된다」라는 프로세스가 확실한 업무에는 이해와 흥미를 나타내지만 새롭게 뭔가를 발상하지 않으면 안 되는 일에는 전혀 동기부여가 되지 않습니다. 전개는 잘 하지만 창조는 서툽니다.

만약에 이런 타입이 부하라면 성과주의가 맞습니다. 「열심히 하면 월급이 올라간다」, 「지위가 올라간다」와 같이 눈에 보이는 가치가 있으면 동기부여가 되어, 목표 설정이나 숫자를 달성하려고 합니다. 주의해야 할 것은 목표나 숫자가 본인의 일상 감각과 동떨어지지 않아야 합니다. 상상력이 빈약하므로, 자신이 처한 현실을 초월한 것에는 감이 잡히지 않습니다.

당신이 활동 Zone인 고객에게 자동차를 팔고 싶은 케이스를 생각해봅시다. 이 타입에게는 커뮤니케이션으로 서론을 길게 하기보다는 실제로 시승을 하는 것이 가장 좋습니다. 상품을 직접 손으로 만지고 체험하는 것으로 좋은 점을 실감하도록 합니다.

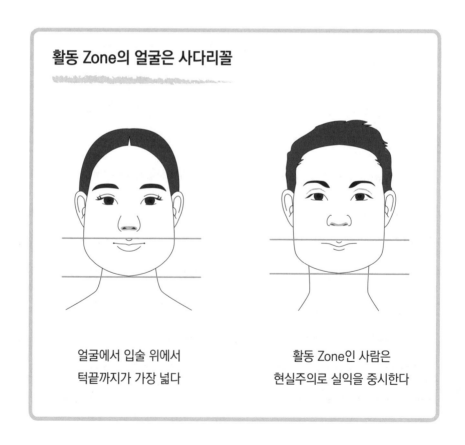

활동 Zone의 얼굴은 사다리꼴

얼굴에서 입술 위에서
턱끝까지가 가장 넓다

활동 Zone인 사람은
현실주의로 실익을 중시한다

「승차감이 상당히 좋네요」, 「문 열림이 편하네요」라는 식으로 몸으로 체험하도록 해야 합니다. 이 타입은 상품과의 커뮤니케이션, 자신의 손으로 만져보는 것을 선호합니다.

마지막 일격으로 효과적인 것은 가성비와 특전이라는 득템입니다.

「특별히 말씀 드립니다만 지금 구매하시면 얼마를 할인해 드리겠습니다」

「오늘 구매하시는 고객에게는 최신형 네비게이션을 무료로 장착해 드립니다」

이러한 권유에 확 넘어오는 것이 활동 Zone입니다. 이때 장황한 설명이나 너무 이론적인 이야기는 피하고, 극히 구체적으로 전하는 것이 포인트입니다. 덧붙여서 가성비를 내세우는 세일즈를 사고 Zone인 사람에게 하면 「뭔가 꿍꿍이가 있어?」하고 의심하게 된다든지 「가격으로 구매하는 게 아니야」하고 프라이드에 상처를 입기도 해서 오히려 역효과가 납니다. 어느 Zone의 사람이냐에 따라 어프로치 방법은 이렇게 다릅니다.

⠿ 클레임(claim) 대응으로 해야만 하는 것과 해서는 안 되는 것

비즈니스를 하다 보면 고객이 즐거워하거나 고마워하는 일만 있는 게 아닙니다. 개중에는 「도대체 이게 뭐 하는 짓이야!」하고 강력하게 클레임을 제기하는 고객도 있습니다.

이 때 그 고객이 사고, 감정, 활동 Zone 중에서 어느 타입인지를 안다면 적절하게 대응을 할 수 있습니다. 때로는 상대가 거칠게 주장해도 어프로치하는 방법에 따라서 납득시키는 것이 가능합니다.

클레임이 걸린다는 것은 우리 쪽의 주장을 상대에게 전달하는 것이 아닙니다. 상대의 감정이나 상황, 요구하는 것을 이해함과 동시에 상대가 납득하도록 돕는 것입니다. 상대를 제대로 이해하기 위해서 상모심리학을 활용할 여지가 생깁니다.

「사고 Zone」인 상대를 납득시키려면 논지가 명쾌한 설명을 해야 합니다. 우선은 정중히 사과를 하고 나서 우선은 상황 설명을 합니다. 그 후에 알고 있는 범위 내에서 클레임이 발생한 원인, 해결 방법, 그리고 향후 대책 등을 하나하나 논리적으로 설명합니다.

이때 「며칠까지 이것만은 처리하겠습니다」라고 구체적인 스케줄을 명시하면 해결 시점까지의 프로세스가 「가시화」되기 때문에 쉽게 이해를 합니다. 제시한 스케줄보다 일찍 해결이 된다면 발 빠른 대응에 대한 호평도 기대할 수 있습니다. 이렇게 되면 「비 온 뒤에 땅이 굳는」 결과를 얻을 수 있습니다.

「이걸로 용서를…」하고 금품을 제공하면 「이걸로 속일 참인가!」 오히려 분노의 불꽃에 기름을 붓는 꼴이 됩니다. 설명하는 내용이 갈피를 잡지 못하면 「클레임을 처리하려는 마음이 없다!」라고 판단하고 이쪽의 잘못을 더욱 강하게 추궁해 들어옵니다. 논리정연하게 설명하는 것

외에는 사고 Zone을 납득시킬 방법은 없습니다.

「감정 Zone」의 사람이 클레임을 제기하는 것은 단지 자신의 기분을 이해해 주기를 바라는 것입니다. 「분하다」든가 「쇼크다」, 「유감이다」라는 기분을 짐작할 수 있다면 어느 정도는 납득시킬 수 있습니다. 그런 다음에 「정말로 죄송합니다. 그 기분 충분히 이해합니다」라면서 상대에게 친근하게 다가가서 공감하는 자세를 보이면 「이 사람은 알아 준다」라는 느낌에 자신의 기분이 충족되어 싸움을 그만두게 됩니다.

친근하게 공감을 하는 것은 간단하게 보이지만 그것은 커다란 오해입니다. 「감정 Zone」인 사람은 민감하기 때문에 그것이 마음속에서 우러난 것인지 입에 발린 말인지 금세 간파해 버립니다.

논리정연하게 거침없이 설명해도 「감정 Zone」인 사람은 「그런 어려운 말은 모른다」고 역공하기 쉽습니다. 또 「오늘은 이것으로 용서를…」하고 금품을 제시한다면 바보 취급 당한 기분이 들 겁니다. 「이 딴 것이 탐나서 온 거 아니야」라고 격분하는 사람도 있겠지요.

「활동 Zone」인 사람은 현실주의자로 눈에 보이는 것을 믿고 중요시합니다. 가치 있는 것을 사과의 의미로 제시하면 「대우받는」 기분에 자존심이 충족되어 「그럼 이번에는 이걸로 용서할까」하고 시원하게 싸움을 그만둡니다. 혹은 수리를 무상으로 해 드리겠습니다. 망가진 것보다 고가의 상품으로 교환해 드리겠습니다… 이렇게 메리트(merit)가 분명한 제안을 하면 오히려 「이득을 봤다」라고 생각해 마찬가지로 깨끗이 끝내 버립니다.

당연히 처음부터 금품을 제공해 해결하려고 하면 아무래도 자기자신이 금품을 목적으로 클레임을 제기한 듯이 비치므로 난색을 표합니다.「죄송합니다」,「죄송합니다」라고 몇 번이고 고개를 숙인 다음에 기회를 봐서「이것은 진심으로 사죄하는 의미입니다만…」하고 겸손하게 대응하면 순조롭게 해결됩니다.

「활동 Zone」인 사람에게 해서는 안 되는 것은 논리적으로 설명하는 것입니다. 아무리 논리정연하게 설명을 해도 아무런 메리트가 없다고 생각하기 때문에 신경질을 내고 맙니다. 장황하게 설명을 하면 자신의 시간을 헛되이 낭비하게 했다고 생각하기 때문에 한층 더 짜증이 폭발하기 십상입니다.

::: Zone에 따라서 적성 · 천직이 바뀐다

3개의 Zone에는 각각에 맞는 직업적 적성이 있습니다. 어떤 케이스가 있는지 살펴봅시다.

이 3개를 같은 직업으로 보면 어떻게 다를까요? 예를 들어 의사라는 직업으로 이 3개의 패턴을 나눠보면 다음과 같이 됩니다.

사고 Zone = 이론이나 상상력을 구사하고, 수술보다는 논문이나 연구가 특기인 타입의 의사입니다. 획기적인 치료법을 발견하는 것도 이 타입입니다.

감정 Zone = 「모두를 위하여」라든가 「어려움에 처한 사람을 돕는」 것을 삶의 보람으로 삼고, 자진해서 후진국이나 분쟁 지역으로 치료하러 가는 타입의 의사입니다. 「국경 없는 의사회」와 같은 단체에서 활약하는 타입입니다.

활동 Zone = 눈앞의 현실을 직시 · 대응하는 구급 의사입니다. 지금 무엇이 필요한지, 지금 처한 환경에서 어떤 처치를 하면 최선인지를 냉정하게 판단해서 대처합니다. 의료 기기 취급에도 뛰어나고 명의(名醫)가 많은 것은 이 타입입니다.

조직 운영에서 적재적소의 인사는 「말은 쉽지만 실행은 어렵다」는 말 그대로입니다. 누구를 리더로 하고 누구를 보좌역으로 할 것인지, 새로운 사원을 어느 부서에 배치하면 본인이 성장하고 또 주변도 자극을 받을지, 좀처럼 성과를 내지 못하는 직원을 어떻게 도와 주면 좋은 성과를 낼지……

생각해도 좀처럼 답이 안 떠오르고, 그 답이 옳은지 틀렸는지를 판단하는 것은 인사 업무를 하고 나서 한참 지난 후의 일입니다. 사전에는 답을 알 수 없습니다. 이것이 인사의 어려움이지만 그 힌트가 되는 것이 상모심리학입니다. 「인사를 하기 전에 배워서 다행이다」라는 생각만으로도 정확성과 퀄리티가 높아지는 것은 틀림이 없습니다. 상모심리학을 기반으로 해서 그 사람의 타입이나 경향, 함께 일하는 사람과의 상성(相性)을 보는 것으로 적재적소에 알맞은 인사를 할 수 있습니다.

::: Zone별 연애 어프로치 방법

비즈니스만이 아니라 연애에도 상모심리학을 응용할 수 있습니다. 사고 Zone, 감정 Zone, 활동 Zone의 특성을 아는 것만으로도 사이 좋게 지내는 방법과 공략법은 달라집니다.

사고 Zone인 사람은 시각으로 받아들이는 자극에 민감하게 반응하기 때문에 「겉모습 중시」경향이 있습니다. 미남이나 미녀가 아니라 분위기나 차림새, 행동거지를 똑똑히 봅니다. 만약 상대의 기호를 체크할 수 있다면 상대가 선호하는 복장으로 맞춥니다. 상대와 같은 복장이 아니라 상대가 이성에게 요구하는 복장입니다. 우선은 상대방의 눈에 들 필요가 있습니다.

커뮤니케이션에도 궁리가 필요합니다. 지적이고 호기심이 왕성하므로 대화에 알맹이가 없는 깡통 같은 사람은 좋아하지 않습니다. 대화를 할 때는 상대방의 호기심을 자극할 듯한 이야기에 유의를 하고 상대방의 취미에 관한 이야기를 「꼭 들려주세요」라는 자세를 취하면 좋은 인상을 줄 수 있습니다. 그리고 여러 번 강조했듯이 아는 체하는 것은 금물입니다.

감정 Zone의 사람은 공감, 공유가 포인트입니다.

「이 음악 멋지네」, 「오늘 이벤트는 즐거웠지요」라는 식으로 함께 공감하고 체험을 공유합니다. 「저 영화는 눈물나게 해」와 같은 슬픔도 OK입니다. 또 타인으로부터 어떻게 보이는가 하는 것에도 민감하므로 좌우간 부정하지 말고 인정해 주는 것이 중요합니다.

청각·후각에 의한 자극에도 민감하므로 선호하는 음악이 흐르는 것만으로도 기분이 좋아집니다. 좋은 향이 나는 향수를 뿌린다든지 선물하는 것도 좋겠지요. 역으로 상대의 체취나 식사 중 불쾌한 소리 등에도 민감하기 때문에 주의를 요합니다.

활동 Zone인 사람은 행동적이기 때문에 함께 할 수 있는 스포츠가 있다면 좋겠지요. 기분 전환으로 휴식 삼아 하는 일도 좋습니다. 먹는 것을 좋아하므로 맛집에 데리고 가면 즐거워합니다.

물질적 가치에 무게를 두기 때문에 선물 공세도 유효합니다. 브랜드 지향성이 강하기 때문에 내용물이 동일하다면 누구나가 알고 있는 유명 가게의 포장지에 더 높은 가치를 느낍니다.

상대의 이용 가치도 상당히 엄격하게 봅니다. 냉정하게 말하면 「자신에게 도움이 되느냐, 안 되느냐」가 관건입니다.

자기 어필은 가볍게 이상이나 꿈을 말하기보다 자신의 구체적인 스펙을 어필하는 쪽이 감동을 줍니다.

::: 자신의 Zone을 안다

지금까지 얼굴로 알 수 있는 상대의 성격에 대해서 이야기하였습니다만, 이제 자신의 얼굴을 분석해봅시다.

자신의 Zone을 분석할 때는「어느 Zone이 가장 확장되어 있는가 (면적이 넓은가)」를 얼핏 본 직감으로 판단하는 것이 중요합니다. 전체의 균형을 갖고 봤을 때「얼굴 위쪽의 이마와 눈이 크군. 역삼각형이네」라는 느낌이 있다면 사고 Zone,「광대뼈나 그 주변이 넓군, 6각형이네」라는 느낌이 나면 감정 Zone, 그리고「턱 주위가 상당히 듬직하고 얼굴 아래쪽이 넓군. 사다리꼴이네」라는 느낌인 경우는 활동 Zone이 됩니다.

대충 처리하는 듯한 느낌이 들지 모르지만 얼굴을 대략적인 인상으로 파악하는 것이 중요합니다. 물론 상모심리학자가 하는 전문적인 분석 방법도 있습니다만 이 방법으로도 충분합니다.

실제로 얼굴 사진을 뚫어지게 바라보고 진지하게 분류하면 혼돈이 생겨서 진위 감정이 어려워집니다. 그래서 슬쩍 보고는 도저히 분간할 수 없다는 분들을 위해서 몇 개의 구체적인 예를 제시하겠습니다. 꼭 자신이 구분하기 쉬운 방법으로 시험해 보십시오.

Zone을 이해했다면 기관 · 부위도 보십시오.

자신의 가장 확장되어 있는 Zone에 있는 기관 · 부위의 특징이 다른 Zone의 기관 · 부위보다 강하게 나타납니다. 사고 Zone이 확장되어 있는 사람이라면 이마 · 관자놀이 · 눈의 경향이 코나 입의 경향보다 강하게 나와 있습니다. Zone이나 기관 · 부위의 특징을 파악할 수 있다면 자신의 활용 방법이 보여서 지금까지 발견하지 못했던 강점을 발견할 수 있습니다.

░:░ 3개의 Zone에 이런 경향이 있다

얼굴을 보고 자신이나 상대방이 어느 Zone에 해당하는지 알 수 없는 경우, 아래의 체크 리스트를 활용합시다. 적합한 항목이 가장 많은 것이 자신 혹은 상대의 Zone으로 판단할 수 있습니다.

사고 Zone

- 지식 · 교양에 대한 관심이 왕성하다
- 유행에 민감하다
- 상상력이 풍부하다
- 때로는 망상적인 경향이 있다
- 원리와 이론으로 사물을 생각한다
- 이상주의 / 이상이 높다
- 이유를 중시한다
- 자신의 실력보다 상위의 과제에 도전한다
- 다른 사람의 명령을 싫어한다
- 아는 체 하는 것을 싫어한다

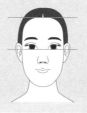

감정 Zone

- 상대에게 공감을 요구한다

- 인정 욕구가 강하다

- 좋고 싫음으로 결정하는 경향이 있다

- 객관성이 결여된 부분이 있다

- 애정을 주고 싶고, 받고 싶다

- 기분파적인 면이 있다

- 부추김에 약하다

- 세상 돌아가는 이야기를 좋아한다

- 공평성을 중시한다

- 냄새나 소리에 민감하다

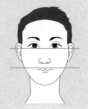

활동 Zone

- 현실주의

- 사람을 타산적으로 사귄다

- 성과주의가 어울린다

- 상상력이 빈약하다

- 현실적인 목표 설정과 수치화가 특기이다

- 눈에 보이지 않는 이상이나 비전은 확 와닿지 않는다

- 세일이나 할인에 반응한다

- 맛난 음식 먹는 것을 아주 좋아한다

- 공복이나 수면 부족으로 감정이 좌우되기 쉽다

- 손재주가 있어 물건 만드는 것이 특기다

상성(相性)의 좋고 나쁨은
이렇게 결정된다

::: 같은 Zone끼리는 상성(相性)이 좋다

「저 사람과는 만난 지 얼마 되지 않았는데 왠지 모르게 마음이 맞네」

「저 사람은 오랜 기간 같이 했음에도 아무리 해도 마음이 맞지 않아」

이와 같이 상성의 좋고 나쁨을 느끼는 장면은 일상적으로 종종 있는 일입니다. 상성은 「나이 차가 없다」, 「출신이나 취미가 같다」는 것으로 결정되는 것이 아닙니다. 나이 차이가 많이 나도 상성이 좋은 경우가 있고, 동년배라도 상성이 좋지 않은 경우도 흔합니다.

상성의 좋고 나쁨에 대해서 「왜 저 사람과는 마음이 맞을까」, 「왜 저 사람과는 마음이 맞지 않을까」하는 것에 명확하게 답을 내주는 것이 상모심리학입니다. 상성을 분석하기 위해서는 「확장된 Zone」을 살펴봐야 합니다. 기관 · 부위를 보는 것만으로는 서로의 상성을 파악하는 것이 어렵지만 「사고 Zone」, 「감정 Zone」, 「활동 Zone」의 세 묶음으로 봐 나가면 「왜 마음이 맞는지 / 맞지 않는지」를 이해할 수 있습니다.

3개의 Zone에는 각각의 상성이 있습니다. 이것을 이해하면 커뮤니케이션이 원활하게 진행됩니다. 기본적으로 같은 Zone끼리의 상성은 대단히 좋습니다.

「사고 Zone」과 「사고 Zone」

「감정 Zone」과 「감정 Zone」

「활동 Zone」과 「활동 Zone」

서로 같은 Zone이라면, 이거야말로 「아·음의 호흡」으로 커뮤니케이션을 할 수 있고, 사물에 대한 생각이나 욕구가 비슷하므로 스트레스도 없습니다. 당신이 어느 타입이든 죽이 맞는 사람, 사이가 좋은 사람은 Zone으로 나누어 보면 실은 동일한 타입일 가능성이 높습니다. 물론 둘은 「동일한 Zone이므로 친숙하다」는 것을 알고 있어서 사이가 좋아진 것은 아닙니다. 만나서 이야기를 나누는 사이에 「왠지 죽이 맞네」, 「공통점이 많네」라고 느끼게 되어 부지불식간에 사이가 좋아진 것입니다.

이것이 「사고」-「사고」라면 지식의 교환, 「감정」-「감정」이라면 공감, 「활동」-「활동」이라면 이용 가치의 교환으로 서로 상대가 요구하는 것을 제시·교환할 수 있기 때문에 자연스럽게 사이가 좋아지고, 관계가 깊어졌다고 할 수 있습니다.

그러면 Zone이 서로 다르면 상성이 좋지 않은가 하면 그것은 그렇지 않습니다. 같은 Zone끼리처럼 순조로운 의사소통은 불가능할지 모르겠으나 그럼에도 불구하고 좋은 관계를 구축할 수 있습니다.

자신의 단점을 상대의 장점으로 채우거나 반대로 상대의 단점을 자신의 장점으로 채워갑니다. 다르기 때문에 Give & Take가 쉽게 이루어 진다고도 할 수 있습니다. 이를 위해서는 상모심리학으로 서로의 Zone에 따른 다름을 이해하는 것이 최선입니다. 이어서 다른 Zone의 상성에 대해서 살펴 보겠습니다.

::: 사고 Zone과 감정 Zone은 어긋남이 많다

사고 Zone의 사람과 감정 Zone의 사람이 함께 있으면 커뮤니케이션은 어긋나거나 오해가 생기기 쉽습니다. 상태가 심해지면 짜증이 난다든지, 처음부터 대화 자체가 불가능해지기도 합니다.

사고 Zone은 이상주의입니다. 상상력을 구사해서 추상적인 사고나 표현을 하는 것이 특기입니다. 이론광이라 토론이 격렬해지면 논쟁으로 발전하는 경우도 있습니다.

감정 Zone은 공감 능력이 대단히 높고, 자신의 기분을 중요시하면서 그것을 상대와 공유하려고 합니다. 상대를 배려하는 상냥함, 마음 씀씀이를 놓치지 않는 반면, 감정이 고양되면 이야기의 맥락이 없어져 사고 Zone인 사람이 들으면 「무슨 이야기 하는 거야?」라는 반응이 나타날 수 있습니다.

사고 Zone은 상상과 이치로 생각해서 움직입니다. 감정 Zone은 기분으로 느껴서 움직입니다. 이렇게 사고 Zone과 감정 Zone은 명확한 차이가 있습니다. 사고 Zone이 보면 감정 Zone은 애들 같고 지리멸렬한 모습으로 보입니다. 감정 Zone인 사람의 입장에서 보면 사고 Zone은 억지가 많은 귀찮은 사람으로 보입니다.

예를 들면 함께 응원을 하는 야구 팀이 이긴 다음 날 이른 아침에 감정 Zone인 사람이 동료인 사고 Zone인 사람에게 이렇게 말을 걸었다고 칩시다.

감정 Zone 「어제도 우리 팀이 이겼다」

사고 Zone 「이기긴 이겼지만 상대가 에러를 범해 자멸했기 때문이지」

감정 Zone 「아무튼 이긴 건 이긴거잖아 기쁘지 않아?」

사고 Zone 「그다지 내용도 좋지 않고, 솔직히 기뻐할 수만은 없네. 젊은 선발 투수 A도 5회를 넘기지 못했고. 프로니까 좀 머리를 써가며 야구를 하면 좋았을 텐데」

감정 Zone 「이기면 좋은 거잖아」

사고 Zone 「아니 좀더 치밀하게 하지 않으면 긴 시즌을 극복할 수 없어요」

감정 Zone 「그런 식이면 경기를 봐도 즐겁지 않아」

그렇다면 서로 영원히 이해할 수 없는건가 하면 그렇지는 않습니다. 상대 Zone을 이해하고 자신의 Zone을 의식하는 것만으로도 커뮤니케이션은 달라집니다. 자신이 사고 Zone이라면 이론 일변도가 아니라 때로는 감정이 드러나는 것에 주의합니다.

예를 들면 「기쁘다」든가 「슬프다」든가 그러한 말을 입에 담는 것만으로도 감정 Zone인 사람이 보면 인간미를 느껴 「이 사람은 결코 냉정한 사람은 아닐지 모르겠다」고 느끼는 순간 보는 눈이 곧바로 바뀝니다.

감정 Zone은 감정이 전부입니다. 좋은 의미에서 심플합니다.

⠿ 표현을 바꾸는 것만으로 공감이 간다

다음과 같이 서로에게 다가서면 의견의 일치나 공감이 갑니다.

감정 Zone 「어제는 우리 팀이 이기긴 이겼지만 상대가 에러를 범해 자멸했기 때문에 좀더 치밀하게 하지 않으면 안 되겠어」

사고 Zone 「그렇지만 이긴 건 이긴거예요. 선수 한 사람 한 사람이 더욱 더 확실하게 해야겠지만」

감정 Zone 「역시 선수 선발을 잘 하지 않으면 힘들어요. 선발 투수 A는 열심히 했지만 5회를 넘기지 못했고, 좀 더 컨트롤 이 좋았으면…」

사고 Zone 「그래도 A는 좋아요. 앞으로 두 자릿수 승리 투수가 되지 않을까요」

감정 Zone 「맞아. 그는 희망이 있어요」

사고 Zone 「아 의견이 일치하네요」

자신이 감정 Zone인 사람은 생각나는 대로 곧바로 발설하지 말고 우선은 한 템포 호흡을 가다듬고 무엇이 가장 중요한가, 두 번째는 그리고 결론은… 하는 식으로 자신이 말하고 싶은 것을 머릿속으로 분명하게 정리해서 말하는 것이 좋습니다. 이렇게 하면 사고 Zone의 사람만큼 논리정연하지는 않아도 상대는 「역시 이런 걸 말하고 싶은 것인가」, 「이 사람도 신중하게 생각하네」라고 이해를 하게 됩니다.

⣿ 사고 Zone과 활동 Zone은 최악이면서 최강의 조합

사고 Zone과 활동 Zone의 조합은 3개의 조합 중에서 가장 어색합니다. 그러나 그런 이유로 가장 잘 어울리는 조합이 될 수도 있습니다. 이렇게 말할 수 있는 것은 서로 없는 부분을 보충해 줄 수 있기 때문입니다.

사고 Zone은 이상주의입니다. 자신이 이상으로 생각하는 것을 철저하게 추구합니다.

활동 Zone은 현실주의입니다. 이상보다는 현실적으로 가능한 일을 철저하게 추구합니다.

사고 Zone과 활동 Zone이 함께 하면 이상과 현실의 싸움이 시작됩니다. 한편은 이상을 중요시하고, 다른 한편은 현실만 보기 때문에 보는 방향이 제각각이라 하나가 될 수가 없습니다.

사고 Zone이 보면 활동 Zone은 세속적이며 욕심 덩어리로 보입니다. 활동 Zone의 입장에서 보면 사고 Zone은 상상 속에서 꿈을 좇는 사람으로 밖에 보이지 않습니다.

퇴근하는 길에 회사 근처 선술집에서 동료 두 명이 술을 마시고 있습니다. 술김에 사고 Zone인 사람이 장래의 꿈을 털어 놓습니다.

사고 Zone「장담할 수는 없지만 나 앞으로 독립할 생각이야」
활동 Zone「아! 그래, 어떤 일 하려고」

사고 Zone「아니 아직 정하지는 않았어. 스티브 잡스 같은 기업가가 되고 싶어」

활동 Zone「무엇을 할지 결정하지 않았다(쓴 웃음). 그럼 언제쯤 독립할 생각이야?」

사고 Zone「음, 빠르면 5년 후 정도」

활동 Zone「독립을 위해 뭔가 준비는 하고 있니? 자금은 어떻게 하려고?」

사고 Zone「아니 아무 것도 하는 건 없어. 단지 지금 여기저기 얼굴을 알리며 인맥을 넓히려고 하고 있어. 어찌 되었든 나는 일본의 스티브잡스가 될거야」

활동 Zone「… 좀더 땅에 발을 딛고 있는 게 좋을 것 같은데」

::: 상대에게 없는 것을 보충한다

이런 예로 살펴보면 서로에게 다가서는 것이 어렵게 느껴집니다. 그러나 벡터(vector)는 반대지만 서로 없는 것을 가지고 있는 것도 사실입니다. 실은 서로의 결점을 보강하는 관계입니다.

사고 Zone은 현실적 사고나 행동이 서툴지만 그것을 활동 Zone인 사람이 담당하면 이상을 현실화하는 방법을 찾을 수 있습니다.

사고 Zone의 입장에서 보면 활동 Zone은 명보좌역으로「자신의 이상을 현실화시켜주는 믿음직한 사람」으로 의지처가 될 수 있습니다.

활동 Zone은 추상적인 사고가 서툽니다. 현실적인 일은 처리할 수 있어도 이상향이나 미래상을 이미지화하는 것은 결말이 나지 않습니다. 사고 Zone인 사람이 상상력을 구사하면 현실적인 사고를 독창적이고 개성적인 사고로 승화시킬 수도 있습니다. 「발상력이 있는 사람이 생각하는 것은 다르군」하고 사고 Zone의 사람을 한 수 위로 치게 됩니다.

다음과 같이 다가서면 알맹이 있는 대화가 됩니다.

사고 Zone 「나 독립할 생각으로 지금 여기저기 얼굴을 내밀며 인맥을 넓히고 있어」

활동 Zone 「그래 사업을 준비한다면 어떤 업종으로 하려고」

사고 Zone 「아직 정하지는 않았지만 스티브 잡스 같은 기업가가 되고 싶어」

활동 Zone 「어떤 것을 하더라도 틈새 시장을 노려보는 게 좋을 것 같아. 그리고 세무나 재무 분야 공부도 해 두는게 좋을 것 같고」

사고 Zone 「그렇지. 그 분야의 책을 사서 공부해야지」

활동 Zone 「언제쯤 독립할 생각이야」

사고 Zone 「음, 빠르면 5년 후 정도」

활동 Zone 「5년은 긴 것 같지만 짧지. 지금부터라도 대략적인 스케줄을 만들어 보는 게 좋을 것 같은데」

정반대 타입은 가만히 있으면 일체화할 수 없습니다. 단, 서로 보강해야 되겠다고 생각하는 순간 최강의 파트너가 될 수 있습니다.

::: 감정 Zone과 활동 Zone은 서로 관심이 없다

감정 Zone인 사람과 활동 Zone인 사람의 커뮤니케이션은 평행선입니다. 이 상태로는 서로 만나거나 겹치는 일이 없습니다. 대체로 상대를 잘 모르므로 관계를 맺으려고 하지 않습니다.

감정 Zone은 즐거운 일, 기쁜 일, 멋진 일을 다른 사람과 공유하는 것을 좋아하고, 물질보다도 추억을 중시하는 타입입니다.

활동 Zone은 형태로 남는 것을 좋아합니다. 추억보다는 물질을 선호하는 타입입니다.

감정 Zone이 보면 활동 Zone은 공감보다는 물질 우선이라 눈곱만큼도 재미가 없습니다. 반대로 활동 Zone인 사람이 보면 감정 Zone인 사람은 기분파로 형태가 없고 무엇을 생각하고 있는지 잘 모르는 이상한 존재입니다.

갑자기 교토로 출장이 잡힌 활동 Zone인 동료가 우울한 표정이라 감정 Zone인 사람이 기분을 북돋우려고 말을 겁니다.

감정 Zone 「교토로 출장 가니? 부럽네」

활동 Zone「업무라 기껏해야 신칸센에서 맥주 마시면서 도시락 먹
　　　　　는 것뿐이지」

감정 Zone「그러면 최대한 즐겁게 보내다 막차로 돌아오면 되잖아」

활동 Zone「다음날도 업무라」

감정 Zone「그렇지만 모처럼 갔는데, 너무 아쉽네」

활동 Zone「일찍 돌아와서 푹 쉬려고」

감정 Zone「나 같으면 점심때 맛집에 가서 명품 요리도 먹고, 저녁에
　　　　　는 교토를 즐기고, 신칸센 막차로 돌아오겠구만」

활동 Zone「업무 차 가는 거야, 여행이 아니야」

이렇게 보면 접점도 없습니다. 같은 공간에 있어도 전혀 말을 섞지
않는 경우도 있는 것이 이 조합이지요. 그러나 다른 상성의 나쁜 조합
처럼 상대를 이해하고, 자신의 어프로치를 어느 정도 상대에게 맞추면
서로 다가서는 것은 가능합니다.

::: 접점을 발견하는 노력을 한다

예를 들면 감정 Zone인 사람이 활동 Zone인 사람에게 이벤트에 갔
던 이야기를 할 때, 단지「즐거웠다, 좋았다」라는 감정적인 이야기가 아
니라「이런 상품을 팔고 있었다」,「이런 이득이 있었다」라고 물건이나

이점에 관련된 각도에서 화제를 전개하면 갑자기 흥미를 가질지도 모르겠습니다.

활동 Zone인 사람이 감정 Zone의 사람에게 이야기를 할 경우에는 어프로치를 반대 방향으로 합니다. 서로 접점이 없으므로 관심을 가질 수 없습니다. 일단 접점이 발견되면 의기투합하는 경우가 없는 것은 아닙니다. 감정 Zone과 활동 Zone은 이러한 관계에 있다고 할 수 있습니다. 이런 식으로 다가선다면 어긋남도 해소됩니다.

활동 Zone 「모처럼 교토 출장인데, 당일치기네. 뭔가 즐거운 게 없을까」

감정 Zone 「그럼 저녁에는 야경이 좋은 절 구경을 하고 신칸센 막차로 돌아오면 되겠네」

활동 Zone 「다음날도 업무가 있어 빨리 돌아오고 싶은데」

감정 Zone 「그렇지만 모처럼 갔는데 발품을 팔면 야경이 좋은 절에도 갈 수 있고, 그 절 근처에 유명한 맛집도 있는데」

활동 Zone 「그 집 맛있어?」

감정 Zone 「음, 그 집 명품 요리는 굉장히 맛있지. 서비스로 주는 사발이 명품이야. 교토에 갈 때는 꼭 들르는 곳이지」

활동 Zone 「시간이 될까?」

감정 Zone 「그 가게에서 교토역까지 택시로 15분 정도 걸려」

활동 Zone 「그러면 일 끝내고 관광으로 가 봐야겠다. 한 마디로 일석이조(一石二鳥)네」

　결코 오해하지 않았으면 하는 것은 상모심리학은 상성의 좋고 나쁨만을 판단하는 학문이 아니라는 것입니다. 상대와 자신을 알고 그 다름을 이해한 다음에 보다 원활한 커뮤니케이션에 활용하기 위한 것입니다.

　Zone이 다르면 좀처럼 상대의 좋은 점을 인식할 수 없습니다. 그것은 자신에게는 없는 것이기 때문입니다. 자신에게 없는 상대의 좋은 점을 Zone으로 이해하고, 조금씩이라도 수용하면 상대와의 거리가 줄어듭니다.

상대 Zone에 대응해서 이렇게 커뮤니케이션합니다

자신이 사고 Zone인 경우		
상대가 사고 Zone이라면 →	○	상호 지적 호기심을 자극하는 과제(뉴스나 유행, 상대가 모르는 지식 등)에 유의한다.
	X	서로 지나치게 이론적이기 때문에 정상 쟁탈전이나 언쟁이 되기 쉬우므로 주의를 요한다.
상대가 감정 Zone이라면 →	○	이론 일변도가 아니라 자신의 감정이나 공감을 주고받으며 상대를 대하도록 유의한다.
	X	상대의 감정을 이론으로 윽박지르는 듯한 대화 · 단어 · 어조에 주의한다.
상대가 활동 Zone이라면 →	○	대화는 「이론→결론」이 아니라 결론 먼저 말하고, 가능한 한 구체적이면서 단적으로 한다. 상대의 이점도 고려하면서 대하도록 주의한다.
	X	추상적인 이미지나 머릿속의 이론만 장황하게 떠들지 않도록 주의한다.

자신이 감정 Zone인 경우		
상대가 사고 Zone이라면 →	○	대화는 한번 머릿속으로 순서대로 정리해서 입 밖으로 낸다. 자신의 감정을 억누른다든지, 공감을 지나치게 요구한다든지 하지 않도록 주의한다.
	X	상대의 의견이나 지식을 제대로 알지 못하면서도 「좋아요」, 「가르쳐 주십시오」라고 공감하는 듯이 대한다.

상대가 감정 Zone이라면 →	o	공통점과 공통의 화제를 발견하면 서로 공감하면서 접하도록 마음 쓴다.
	x	「좋다 · 싫다」는 주관이 갈리면 금세 감정이 부딪치므로 주의한다.
상대가 활동 Zone이라면 →	o	공감해서 기쁘게하기 보다는 어떻게 하면 상대가 기뻐할까(득이 될까)를 의식하는 데 마음 쓴다.
	x	대화가 가장 중요하므로 가능한 한 간결하게 이야기한다. 자신의 감정을 지나치게 억제하지 않도록 주의한다.

자신이 활동 Zone인 경우		
상대가 사고 Zone이라면 →	o	상대의 생각도 존중하면서 적당한 거리에서 후원하는 듯한 접촉을 한다.
	x	상대의 의견에 대해서 현실적 · 타산적인 답례만 하지 않도록 주의한다.
상대가 감정 Zone이라면 →	o	하나라도 좋으니 상대와의 공통점을 찾는 데 유의하고, 이해(利害)가 없더라도 상대의 호의나 감정에 일정한 이해를 표시하면서 대한다.
	x	상대의 기분을 이점의 유무나 합리성 만으로 판단해서 잘라 버리지 않도록 주의한다.
상대가 활동 Zone이라면 →	o	합리성 · 편리성 중시의 경향은 일치하므로 상호 이익이나 상승적 이익이 생기는 관계성에 유의한다.
	x	서로 자신의 이익 추구로 내달리기 쉽고, 한번 방향이 틀어지면 냉정한 관계가 될 수 있으므로 주의한다.

더욱더
자신과 상대를 깊이 이해한다

∷ 윤곽은 에너지의 양을 나타낸다

지금부터는 응용 편입니다.

우선은 얼굴 윤곽을 보겠습니다. 윤곽이 나타내는 것은 에너지의 양 (量)입니다.

인간의 얼굴 윤곽은 다음 4개의 어딘가에 수렴합니다. 사각이거나 둥글거나 장방형이나 타원형입니다. 좀더 심플하게 말하면 굵으냐 가느냐의 두 가지입니다. 너무 깊이 생각하지 말고 척 보고 직감으로 판단하는 것이 중요합니다.

정사각형이나 둥근 윤곽은 「디라테(dilatation, 팽창)」[10], 장방형이나 타원형 윤곽은 「레토라쿠테(축소)」[11]라고 합니다.

듬직한 디라테는 에너지 양이 풍부합니다. 주위 사람과의 시간을 중요시 하는 「외향 욕구」가 강한 타입으로 적극적으로 주변과의 커뮤니케이션을 추구합니다.

외향 욕구라는 것은 자신의 활동 범위를 밖으로 넓혀나가는 욕구입니다. 적극적으로 커뮤니케이션을 하고, 지인을 점점 늘려 나가려고 합니다. 많은 사람과 함께 있는 시간을 좋아하는 디라테는 고독에 익숙하

---

10 「디라테(㊐ dilaté, ㊤ dilatation, 팽창)」: 외부(환경, 타자)로 향하는 에너지와 외향 욕구가 강하다는 뜻. 이 유형에 속하는 사람은 얼굴 윤곽이 둥글거나 정사각형이고 살집이 풍부하며, 눈·코·입 등 기관이 크고 벌리고 있는 형상이라 외부와의 소통에 적극적임. 「디라테」는 이러한 사람을 지칭하는 일본 상모심리학의 전문 용어임.(프랑스어에서 유래됨)

11 「레토라쿠테(㊐ rétracter, ㊤ contraction, 위축, 축소)」: 외부(환경, 타자)로부터 자신을 방어하는 안으로 향하는 에너지와 욕구가 강함. 이 유형의 사람은 얼굴 윤곽이 장방형이거나 타원형이라 가늘고 길다. 살집이 얇고 눈·코·입 등 기관의 형상이 가늘다. 외부와의 소통 창구가 닫혀있어 소극적임. 「레토라쿠테」는 이러한 사람 유형을 지칭하는 일본 상모심리학의 전문 용어임.(프랑스어에서 유래됨)

윤곽은 에너지 양을 나타낸다

윤곽이 정사각형이거나 둥근형이 디라테(dilaté)형

윤곽이 장방형이거나 타원형이 레토라쿠테(rétracter)형

지 않습니다. 일종의 외로움을 잘 타는 사람입니다.

한편 레토라쿠테는 에너지 양이 그다지 많지 않습니다. 함부로 에너지를 사용할 수 없으므로 스스로 커뮤니케이션에 선택과 제한을 가합니다. 자신을 지키는 방어 욕구인 「내향 욕구」가 강한 타입으로 고독에도 저항이 없습니다. 레토라쿠테는 자신이 선택하지 않은 사람들과 함께 지내기 보다는 혼자 보내는 시간을 중요시 합니다.

물론 「내 얼굴은 어느 쪽에도 속하지 않는다. 정중앙이다」라고 말하는 사람도 있습니다. 일본인에게 많은 계란형입니다. 이런 사람들은 양쪽의 성질이 균형 있게 들어 있습니다. 에너지 양도 고만고만하고, 다른 사람과의 커뮤니케이션 욕구도 비슷비슷합니다.

상모심리학은 제로냐 100이냐가 아니므로 물론 중간도 존재합니다. 덧붙여서 계란형은 전문적으로는 약간 레토라쿠테에 가깝다고 합니다. 그러므로 「중간은 시시하다!」라고 느끼는 계란형은 자신을 레토라쿠테에 넣어서 「둘 중의 하나로 선택하면 레토라쿠테의 경향이 있다」라고 이해하면 됩니다.

⁖⁖ 나폴레옹은 고독을 싫어하고, 오다노부나가(織田信長)는 고독을 즐긴다

이 윤곽을 역사상의 인물에 비춰보면 다양한 것을 알 수 있습니다. 수

백 년 전의 인물이라면 초상화가 되겠지만 본인의 특징을 완벽하게 파악할 수 있다는 전제하에 분석해 봅시다.

사각형 얼굴인 나폴레옹

우선은 상모심리학이 프랑스에서 온 학문인 관계로 나폴레옹 보나파르트에 대해 알아보겠습니다. 어느 타입인가 하면 사각, 즉 디라테입니다. 나폴레옹은 실은 고독을 좋아하지 않은, 혼자 있는 것을 지독하게 싫어하는 사람으로 볼 수 있습니다.

다음은 일본의 오다노부나가(織田信長).[12]

윤곽이 가는 것으로 에너지 양은 그다지 많지 않다는 것을 알 수 있습니다. 주위와의 커뮤니케이션을 하기보다는 혼자 있는 시간을 즐기는 타입이라고 할 수 있습니다.

노부나가(信長)와 대조적인 사람이 센노리쿠(千利休).[13]

윤곽을 보면 디라테로 외향 욕구가 강한 것을 알 수 있습니다. 외향 욕구가 강한 커다란 윤곽이라 많은 사람에게 다도(茶道)를 전파해 나가

12 오다노부나가(織田信長:1534~1582): 일본 전국 시대를 평정한 인물로, 아즈치모모야마 시대를 연 다이묘이다. 도요토미 히데요시, 도쿠가와 이에야스와 더불어 중세 일본 세 영걸로 불린다. 하극상이 만연하던 전국 시대를 평정한 최초의 장군이다. 그러나 1582년 음력 6월 2일, 천하통일을 목전에 두고 중신(重臣) 아케치 미쓰히데의 모반을 막지 못해 혼노지에서 자살했다.

13 센노리쿠(千利休:1522~1591): 다도(茶道)의 명인. 쓸데없는 요소들을 배제한 매우 소박한 다도 양식을 탄생시켰다. 오다노부나가(織田信長)를 모시다가 노부나가의 사후 토요토미히데요시(豊臣秀吉)를 섬기며 측근이 되었다. 그러나 1591년 히데요시의 분노를 사 할복을 명 받았다.

타원형 얼굴인 오다노부나가

둥근형에 가까운 센노리쿠

는 경향을 볼 수 있습니다. 만약에 리쿠(利休)가 노부나가(信長)처럼 윤곽이 가늘었다면 차를 불특정 다수에게 전파하기보다는 자신의 세계로 들어가 혼자서 다도를 연구하는 쪽으로 파고들었을지도 모릅니다. 다도가 오늘날과 다른 방향으로 발전했을 가능성도 있습니다. 이와 같이 상모심리학으로 보면 윤곽만으로도 과거의 인물에 대해서 알려지지 않은 인물상을 엿볼 수 있습니다.

⋮⋮⋮ 갑질하기 쉬운 상사, 부하를 쉽게 고립시키는 상사

디라테와 레토라쿠테, 이 둘은 정반대 타입이라고 할 수 있습니다. 어느 쪽이 「좋다 / 나쁘다」가 아니고 각각이 고유의 경향을 갖고 있습니다.

상사, 부하의 관계인 경우에는 서로 다른 타입이라면 흔하게 트러블이 발생할지도 모르겠습니다. 예를 들면 상사가 디라테이고, 부하가 레토라쿠테인 케이스입니다. 상사는 체력이나 커뮤니케이션 욕구도 풍부합니다. 한편 부하는 그 반대입니다. 이 조합에서 부하가 좀처럼 결과를 내지 못할 때는 요주의입니다.

커뮤니케이션 욕구가 강한 상사는 부하에게 이렇게 말하기 쉽습니다.

「나도 이정도 업무량은 소화했으니 자네도 분명히 할 수 있다」

「영업은 하루에 적어도 다섯 명을 만나야 결과를 낼 수 있지」

자신이 할 수 있으므로 상대방도 당연히 가능하다는 의식을 갖기 때문에 상사로서는 그럴 마음은 없었겠지만 점점 부하에게 압력을 가해버리는 상황이 됩니다. 이런 일이 심해지면 「상사 괴롭힘」으로 비화할 수 있습니다.

레토라쿠테의 부하는 체력이나 커뮤니케이션 욕구도 풍부하지 않습니다. 그 대신 좁고 깊은 인간관계를 구축해 나갑니다. 섬세한 사람으로 커뮤니케이션도 가늘고 긴 타입입니다. 시간을 들여 고객과 신뢰 관계를 만들고, 잊을 만하면 큰 계약을 따내는 일도 「없다」고는 할 수 없습니다.

디라테인 상사가 레토라쿠테인 부하의 이러한 경향을 이해하고 있다면 필요 이상으로 몰아세우지 않고, 오히려 따뜻한 눈으로 지켜볼 수 있습니다. 반대로 상사가 레토라쿠테이고 부하가 디라테인 케이스입니다. 상사는 체력이나 커뮤니케이션 욕구가 약하고, 부하는 그 반대입니다.

레토라쿠테인 상사는 경계심이나 선택 욕구가 강하고, 부하에게 모든 것을 맡기지 않습니다. 부하의 개성을 존중하려고 하지 않고 자신이 모든 것을 결정하고 사소한 일까지 일일이 잔소리를 합니다. 디라테인 부하는 이것이 스트레스가 되어 향상심을 억누르는 요인이 되기 쉽습니다.

이 조합의 경우 레토라쿠테인 상사가 디라테인 부하에게 자신의 방침이나 지켜야만 하는 중요 사항을 사전에 상세하게 전하고, 「나머지는 자네가 하고 싶은 대로 해도 좋아」라고 과감하게 맡기면 좋습니다. 체력과 커뮤니케이션 욕구가 풍부한 디라테인 부하는 물 만난 물고기처럼 기대 이상의 결과를 낼지도 모릅니다.

반면에 커뮤니케이션 욕구가 강한 디라테인 부하가 업무와의 연결을 강하게 하기 위하여 레토라쿠테인 상사의 개인적인 일에 관여하는 질문이나 행동을 하면 약간 성가신 일이 일어납니다. 레토라쿠테인 상사는 싹싹하게 말을 거는 디라테 부하를 「덜렁이」라든가 「무례」로 간주하게 되어 거리를 두기 시작합니다. 커뮤니케이션 욕구가 강한 디라테인 부하는 「미움 받는 건 아닌가?」하고 동요하게 되고, 불안감에 시달리게 됩니다. 고독에 약한 디라테는 이러한 심리적 압박을 받게 됩니다.

디라테와 레토라쿠테는 물과 기름 같은 관계입니다. 그러나 자신과 상대가 어느 쪽인지를 파악하고 있다면 커뮤니케이션에서 충분히 트러블을 피할 수 있습니다.

⠿ 지구력이 있는 사람과 없는 사람의 차이

입과 윤곽은 깊은 상관 관계가 있습니다. 윤곽이 나타내는 것은 에너지의 양입니다. 윤곽 대비 입의 크기를 보면 그 사람의 에너지 사용 형태를 알 수 있습니다.

윤곽에 비해 입이 작은 사람은 에너지를 조절하면서 사용합니다. 이것은 「지구력이 있다」라는 것입니다. 동시에 지구력이 있으므로 스트레스도 담아 두는 경향이 있습니다.

윤곽에 비해 입이 큰 사람은 소유하고 있는 에너지 양보다도 많은 양을 소비해 버립니다. 특히 윤곽이 가늘고 입이 큰 사람은 원래부터 적은 에너지를 일찌감치 소비해 버리므로 곧바로 피곤해집니다.

당연히 윤곽이 선명하고 커도, 큰 입이라면 마찬가지입니다. 에너지가 있는 한도에서 함부로 쓰기 때문에 이 쪽도 기세는 있지만 곧바로 힘이 빠지고 피곤해지는 경향이 있습니다.

듬직한 윤곽에 비해서 입이 작은 사람과 가는 윤곽에 비해 입이 큰 사람은 분명하게 「할 수 있는 일의 양」이 다릅니다. 전자는 에너지나 지구력이 있지만 후자는 둘 다 없습니다.

장시간 노동이나 육체노동의 경우, 전자 쪽이 잘 할 가능성이 높습니다. 이것은 능력이나 스킬보다는 에너지 양이나 지구력의 차이입니다. 부하에게 업무를 맡길 때도 윤곽과 입의 상관 관계를 보면 보다 효율적인 매니지먼트가 가능합니다.

예를 들면 가는 윤곽에 비해서 입이 큰 사람이라면 「원래부터 체력이 약하고, 에너지를 지속적으로 사용하기 때문에 쉽게 피곤할 것」으로 이해할 수 있습니다. 어쩔 수 없이 장기간의 업무가 되는 경우에는 체력을 고려해 잔업이나 휴일 근무 등의 스케줄은 배려할 필요가 있습니다.

반대로 윤곽에 비해서 입이 작은 사람이라면 「에너지 양이 충분하고 지구력도 있으므로 장기전에 적합한 것」으로 이해해도 틀림이 없습니다. 아침부터 늦은 밤까지 가혹한 노동에도 견디는 것이 이 타입니다. 물론 견디기 때문에 「시켜도 된다」는 것은 아니고, 스트레스를 축적하는 경향이 있으므로 정신적인 면에서는 배려할 필요가 있습니다. 윤곽과 입의 상관 관계를 보면 이와 같은 것들을 이해할 수 있습니다.

중요한 것은 아무리 탁월한 재능도 에너지나 체력이 뒷받침되지 않으면 꽃필 수 없다는 것입니다.

::: 기업가에 많은 콘손토레, 낭비가에게 많은 레아지상

윤곽에 비해 입이 큰 타입은 에너지 외에도 함부로 사용해 버리는 것이 있습니다. 그것은 바로 「돈」입니다. 이 타입은 돈을 낭비하는 경향이 있습니다. 지갑에 만 엔밖에 없어도 마음에 드는 가방을 발견하면 그것이 10만 엔이라고 해도 사 버리는 사람입니다. 만약 당신이 결혼을 생각하고 있는 상대가 이 타입인 경우는 돈 낭비에 주의할 필요가 있습니다.

윤곽에 비해 입만이 아니라 눈이나 코도 큰 사람은 상모심리학에서는 「레아지상(응답형)」[14] 이라고 합니다. 주변의 모든 자극에 대해 반응하는 타입입니다. 사교성이 뛰어나지만 다른 사람이 자신을 어떻게 볼지를 신경 쓰면서 행동합니다. 예를 들어 직장을 정하는 데 있어서 자신이 하고 싶은 일을 우선으로 정하기보다는 주변 사람이 「멋지다!」라고 생각하는 기업을 직장으로 결정해 버리는 타입입니다. 반대로 윤곽에 비해서 기관이 정중앙에 몰려있는 사람은 상모심리학에서는 「콘손토레(집중형)」[15] 라고 합니다. 중심으로 치우친 눈, 코, 입이 큰 특징입니다. 항상 냉정하고 최소한의 에너지 소비로 최대한의 이익을 올리려고 하지만 약간 에고이스트적인 면도 있습니다. 기업가에 많은 것이 이 타입입니다.

첨언하면 레아지상은 여성에 많고 콘손토레는 남성에 많습니다.

---

14 레아지상(Réagissant 응답형): 적은 에너지(윤곽이 레토라쿠테)로 환경이나 타자로부터의 모든 자극에 반응 = 응답한다(기관이 크고, 입은 열린 상태다). 타자나 환경으로부터의 영향을 대단히 받기 쉽고, 다른 사람에게 어떻게 보이느냐가 행동의 원동력이 된다. 예를 들면 학문을 위해 하버드 대학에 가는 것이 아니라 모두가 대단하다고 칭찬하기 때문에 간다는 식이다. 또 곧바로 응답하기 때문에 체력도 곧장 고갈된다. 싫증을 잘 내는 경향이 있고, 지속적으로 새로운 것만 찾기 때문에 지속력이나 인내력이 결여되어 있다. 그러나 그 만큼 환경이나 타자로의 창구가 열려있으므로 유행 등 정보를 캐치(catch)하는 힘은 뛰어나다.

15 콘손토레(Concentré 집중형): 풍부한 에너지(윤곽이 디라테)를 자기자신에게 집중시켜 기관이 얼굴 중심으로 쏠리고 가늘다 = (환경이나 타자에 대해서 닫혀있다) 과녁을 좁혀 정확하게 사용한다. 풍부한 에너지를 기관(입)이 조절해서 소비하기 때문에 인내력과 지속력이 뛰어나다. 기관이 가늘 = (닫혀 있다)기 때문에 타자나 환경으로부터의 영향을 받는 일은 없다. 또 애정 활동도 중요시 하지 않는다. 최소한의 에너지 소비로 최대한의 이익을 얻는다.

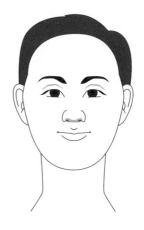

윤곽에 비해서
눈, 코, 입이 큰 사람이
레아지상(Réagissant)

윤곽에 비해서 기관이 정중앙에
집중되어 있는 사람이
콘손토레(Concentré)

⠿ 인간의 얼굴은 좌우 대칭이 아니다

인간의 신체를 정중앙에서 반으로 나눴을 때, 우측과 좌측이 완전히
일치하지는 않습니다. 같은 것처럼 보여도 미묘하게 차이가 있습니다.

좌우는 비대칭입니다. 이것은 얼굴도 동일합니다. 이 비대칭으로 다
양한 것을 알 수 있습니다. 극히 아날로그적이지만 정중앙에 안경을 두

고 자신의 우측 얼굴, 좌측 얼굴을 비교해 보면 비대칭의 차이를 쉽게 알 수 있습니다. PC나 스마트폰을 잘 다루는 사람은 정면 사진을 이용해서 지금 화상 소프트나 앱(app)으로도 간단하게 만들 수 있습니다.

과연 우측 얼굴과 좌측 얼굴은 같은가요? 아니면 다른가요? 실은 좌와 우가 똑같은 사람은 존재하지 않습니다. 우측 얼굴과 좌측 얼굴이 다른 것은 당연합니다. 그렇다고 이 얼굴의 비대칭이 일생 동안 동일한 것은 아닙니다.

1~2년 전의 얼굴과 지금의 얼굴을 비교해 보면 비대칭이 없어지거나 변하거나 하는 일이 종종 있습니다. 옛날 사진을 꺼내서 지금 얼굴과 자세히 비교해 보면 비대칭의 변화를 실감할 수 있습니다.

얼굴은 좌우 대칭이 아니다

∷ 얼굴의 우측은 현재, 좌측은 과거를 상징한다

여기서 질문이 있습니다.

당신은 좌우 얼굴 중에 어느 쪽을 좋아합니까? 상모심리학에서는 비대칭을 볼 때, 얼굴의 정중앙에서 좌우로 나눕니다. 이 때 오른손이 현재를 나타내는 얼굴, 왼손이 과거를 나타내는 얼굴이 됩니다. 왼손잡이는 반대입니다.

「어느 쪽 얼굴을 좋아합니까?」, 그 답이 무엇이냐에 따라 자신의 행복의 의식이 과거와 현재 중 어디로 향하고 있는지를 알 수 있습니다. 얼굴의 비대칭은 행복을 의식하는 쪽을 나타냅니다.

왼손 쪽의 얼굴을 좋아한다고 하는 사람은 「과거가 행복했다」라고 생각하고 있고, 반대로 바른손 쪽을 좋아하는 사람은 행복의 의식이 현재에서 미래로 향해 있다고 볼 수 있습니다. 다만 과거의 얼굴을 좋아한다고 해서 「나는 과거에 얽매이는 사람인가?」라고 비관할 필요는 없습니다. 과거의 뭔가에 얽매여서 지금의 자신과는 무엇이 다른지를 생각해 내고 싶은 것입니다.

「업무에서 지금과 과거는 이것이 다르다」, 연애나 개인적인 면에서도 이런 점이 다르다」, 「아 그래, 지금은 이것이 부족하다」라고 알아차리는 것만으로도 기분은 달라지고, 그것에 가까운 환경을 만들 수 있다면 다시 행복감을 느낄 수 있습니다. 그렇게 되면 반드시 바른손잡이는 오른손 쪽의 얼굴을, 왼손잡이는 왼손 쪽 얼굴을 좋아하게 됩니다.

자신이 주로 사용하는 손 쪽의 얼굴을 좋아하는 사람은 지금 현실에 충실하든가 미래의 커다란 희망을 품고 있습니다. 과거에 큰 실패를 했더라도 그 일에 얽매여 끙끙거리며 힘들어 한다든지 후회한다든지 하는 일도 없습니다. 「지금부터 좋은 일이 생길거야!」라며 적극적인 마음으로 일상을 보냅니다.

▓ 비대칭은 자신의 숨어 있는 의식을 표출한다

비대칭은 기관·부위별로 볼 수도 있습니다. 예를 들면 눈의 높이입니다. 눈의 높이가 크게 차이가 나는 사람은 자신에게 중요한 것을 선택하지 못합니다. 의식이 산만하고 복수의 정보나 사건을 정리할 수 없기 때문입니다. 산만하기 때문에 좌우 동일한 시점에서 사물을 파악할 수 없어서 높이가 달라졌다고도 말할 수 있습니다.

콧날에 비대칭이 있는 사람은 어느 쪽으로 향하고 있는가로 의식의 방향성을 짐작할 수 있습니다. 바른손 쪽으로 향하고 있다면 의식이 현재 및 미래로 향하고 있습니다. 바른손의 반대 방향으로 향하고 있는 사람은 의식이 과거로 향하고 있습니다.

현재의 얼굴을 좋아하는 사람은 콧날도 바른손 쪽으로 향하고 있는 경우가 많습니다. 만약 현재의 얼굴을 좋아하지만 코가 과거로 향하는 경우는 조금 복잡한 분석이 되고, 적극적이면서 때에 따라서는 행동과 사고에서 대담함이 사라지는 경우도 있습니다.

콧구멍이 비대칭인 사람입니다. 「아니, 콧구멍에 비대칭 같은 게 있어?」하고 놀랄 사람도 있겠지만 좌우 크기나 형태가 다른 사람이 있습니다. 이러한 사람은 애정에 관한 고민거리가 있습니다.

귀의 비대칭은 정면에서 한쪽이 보이고, 다른 한쪽은 숨겨진 케이스입니다. 오른손잡이가 우측만 보이고, 좌측이 보이지 않는 경우 이 사람은 과거보다 현재의 독립심이 왕성합니다.

반대로 좌측만 보이고, 우측이 숨겨진 경우 이 사람은 현재보다도 과거에 「좋아 해봐야지」하는 기세가 강했다는 증거가 됩니다

입에 비대칭이 있는 사람, 이 사람은 자신의 생각을 잘 표현할 수 없거나 어떻게 표현해야 좋을지 모르는 경향이 있습니다.

얼굴 살집의 생기도 좌우가 다른 사람이 있습니다. 바른손 쪽의 살집만 뚜렷하다면 「과거에는 없었지만 지금은 문제를 극복할 힘이 있다」는 것으로 이해할 수 있습니다. 반대로 자주 사용하지 않는 쪽 손 방향의 살집만 뚜렷하다면 「과거에는 문제를 극복할 힘이 있었는데 현재는 왠지 힘이 없다…」라는 식으로 보면 됩니다.

턱의 좌우 크기와 형상의 비대칭은 가장 주의를 필요로 합니다. 턱에 커다란 비대칭이 있는 사람은 행동이 불안정합니다. 감정이 폭발했을 때 자신도 「왜 지금 내가 이런 짓을 하지?」하고 고개를 갸우뚱거릴 정도의 행동을 하는 경향이 있습니다.

∷ 비대칭인 사람의 성격·행동을 보는 포인트

주의할 점은 비대칭만을 보고 상대를 판단하려고 하면 오해가 생길 우려가 있습니다.

예를 들면 비대칭인 사람이 사원 모집에 응모했다고 칩시다. 턱이 비대칭. 「음~ 인상은 좋은데 비대칭은 행동이 불안정하지, 그만 둘까…」 이렇게 판단하는 것은 경솔합니다. 분명히 행동이 불안정한 점이 있을지 모르겠습니다. 그러나 「불합격」이라는 결론을 내리기 전에 얼굴의 살집을 봤으면 합니다. 만약 「살집이 튼튼하고 뚜렷하다」면 문제가 발생해도 극복할 힘이 있으므로 행동의 불안정함을 보강할 가능성이 있습니다. 또 윤곽에 비해서 입이 작으면 에너지 양을 확실하게 조절해서 사용할 수 있습니다. 그리고 입의 다물기 정도를 봅니다. 꽉 다물고 있다면 자기 콘트롤을 할 수 있는 능력이 있습니다. 이런 식으로 종합적으로 보면 턱이 비대칭이라도 「채용할 가치가 있는 인재다」라는 판단을 내릴 수 있습니다.

다만 턱이 비대칭이고, 살집이 부은 것처럼 말랑말랑하고 윤곽에 비해서 입이 크고, 더구나 꽉 다물지 못하는 경우라면 아무리 학력과 업적이 화려해도 단념하는 편이 현명합니다.

⦂⦂⦂ 기관 · 부위의 비대칭과 윤곽으로 성격 · 행동을 간파한다

눈	미묘하게 비대칭 → 지성의 풍부함을 나타낸다 / 두 가지 비전을 겸비한다 상당히 비대칭 → 복수의 정보를 지적으로 통합 · 처리할 수가 없다 / 자신에게 필요한 정보를 선별하지 못한다
코	구멍의 비대칭 → 애정 면에서 고민이나 염려 사항이 있다
입	비대칭 → 자신의 생각을 능숙하게 말로 표현하지 못한다
광대뼈	비대칭 → 「좋아하지만 싫다」처럼 애정의 이면성이 있다
턱	비대칭 → 정서가 불안정하고 충동적으로 행동하는 경향이 있다
윤곽에 비해서 눈이 크다	호기심이 왕성하고, 새로운 정보나 유행에 민감하다 / 시각으로부터의 자극에 영향을 받기 쉽다
윤곽에 비해 눈이 작고 쑥 들어가 있다	의지가 강하다 / 선택 욕구가 강하고, 자신의 생각을 고집한다
윤곽에 비해 코가 크다	타자와의 커뮤니케이션은 관대하다 / 덜렁거리는 경향이 있다
윤곽에 비해 코가 작다	항상 냉정하고 자신의 목표 달성을 위해 에너지를 사용한다 / 에고이스트적인 경향이 있다
윤곽에 비해 입이 크다	행동적이고 정력적이다 / 체력을 능력 이상으로 낭비하고 지구력이 없다
윤곽에 비해 입이 작다	지구력이 있다 / 스트레스를 쌓아두기 쉽다

얼굴 분석으로
그 사람의 본질을
어디까지 알 수 있을까?

::: 얼굴 분석을 무기로 삼는다

앞 장에서 상모심리학의 사용법을 알아보았습니다. 얼굴의 기관 · 부위, 얼굴 Zone, 얼굴의 윤곽이라는 3가지 관점에서 종합적으로 파악하여 분석하면 자타 공히 그 사람이 가지고 있는 본질을 파악할 수 있습니다.

실제로 상모심리학을 활용하기 위해서 이 장에서는 실존하거나 실존했던 유명인의 얼굴 분석을 소개하겠습니다.

다양한 미디어에 노출되어 그 사람 주변이 잘 알려진 유명인도 「진짜는 이런 사람」, 「실은 이런 면이 있었다」라고 생각할 수 있는 부분이 있습니다. 이를 통해 상모심리학이 가진 실학으로서의 힘을 간접적으로 체험하고 강한 무기로 인식한다면 다행일 것입니다.

당신이 그 상대와 접촉한다면 어떤 방식으로 상대와 커뮤니케이션 해 나갈 것인지 생각하면서 읽어 나가면 보다 이해가 깊어질 것입니다. 「이 타입은 이렇게 접촉하면 좋겠다」, 「여기를 보면 이런 걸 알 수 있겠네」… 등과 같이 분석을 해보면 상대와의 접촉 포인트를 파악할 수 있지 않을까요? 자기 주변의 사람들을 분석하는 데 참고가 될 것입니다. 몇 가지 사례를 소개해 드리겠습니다. 먼저 얼굴의 세 종류의 Zone인 사고 Zone, 감정 Zone, 활동 Zone 각각을 대표하는 유명인의 분석을 보겠습니다.

⠿ 타협을 모르는 이상주의자 - 스티브 잡스 / <사고 Zone>

상상력 풍부, 이상주의, 미적 감각 탁월, 로직(logic) 중시, 무에서 유를 창조 등이 사고 Zone의 특징입니다.

이 특징을 이 정도로 충족시키는 사람이 또 있을까 싶을 정도로 생각되는 사람이 스티브 잡스입니다. 잡스의 생각의 속도가 빠른 것은 경사진 이마로 간파할 수 있습니다. 사고는 항상 정확하면서도 논리적으로 타의 추종을 불허합니다.

스티브 잡스
(출처 : 위키백과)

잡스가 이끌던 애플은 「iMac」, 「iPod」, 「iPad」, 「iPhone」과 같은 혁신적인 상품을 끊임없이 만들어냈는데, 그것은 그의 발상력이 뒷받침 되었기 때문이라고 해도 과언이 아닙니다. 상품의 디자인이 높게 평가받는 것은 잡스의 뛰어난 미적 감각 덕분입니다.

무엇보다도 이상이 너무 높기 때문에 좀처럼 만족하지 않는 것도 잡스의 특징입니다. 애플의 수많은 상품이 발매되기까지 그들은 엄격한 체크를 수없이 받아야 합니다.

그는 자신이 납득할 때까지 반복해서 「NO」라고 말하는 타입입니다. 정면에서 봐서 코끝이 아래로 처져 있는 것으로 간파할 수 있습니다.

엄격한 불량 검사를 받은 애플 사원이 질릴 정도로 많은 시제품을 만들었다는 에피소드도 있지만, 타협을 허락하지 않는 잡스의 이상주의가 열광적이라고 할만한 애플 팬들을 만들었다고 할 수 있습니다.

신상품이 발매될 때마다 통상적으로 잡스가 직접 프레젠테이션을 했을 만큼 그의 탁월한 스피치는 널리 알려져 있습니다. 듣고 있는 사람에게 자신의 생각을 훌륭하게 전달할 수 있다는 것은 툭 튀어나온 콧날의 경사로부터 간파할 수 있습니다.

빠르고도 논리적인 사고, 타협 없는 장인 정신, 많은 사람을 감탄하게 하는 스피치. 이러한 것들이 어우러져 잡스를 카리스마 경영자로 만들었습니다.

정면에서 보이는 귀는 독립심의 왕성함을, 듬직한 턱끝은 야망을 나타냅니다. 생기 있는 살집은 어떤 문제라도 극복할 수 있는 능력이 있다는 것을 알려줍니다.

그의 얇은 입술로 알 수 있는 것은 정당성을 너무 강조하기 때문에 때로는 냉담해진다는 사실입니다. 그의 경우에는 말이 흉기가 되는 경우도 있습니다.

눈·코·입과 함께 그 형상을 나타내는 얼굴 라인이 가늘고, 윤곽도 가는 그는 과도할 정도로 신경질적입니다. 자신 이외의 사람들은 덜렁대고 자신의 섬세함을 도저히 이해할 수 없을 것으로 생각하는 타입이기도 합니다.

레토라쿠테이기도 한 잡스는 애정이 깊은 타입은 아닙니다. 마음을 허락한 몇 명에게는 아낌없이 애정을 바치지만 그 외의 사람에게는 「흥미가 없다」고 하는 것이 맞겠지요.

::: 언행일치의 완벽주의자 - 하뉴 유즈루(羽生結弦) / <감정 Zone>

하뉴 유즈루
(출처 : 위키백과)

하뉴 유즈루(羽生結弦)[16]를 움직이는 모터는 감정의 폭발과 고양감(高揚感)입니다.

감정 Zone에는 귀가 있고 청각에 대한 자극은 대단히 중요한 감정 요소입니다. 팬들의 응원 소리가 감정의 기폭제가 되고, 한층 더 강한 에너지를 주는 것은 틀림이 없습니다.

올림픽이라는 큰 무대에서 경이적인 성과를 낼 수 있었던 것은 열광적인 팬들의 응원을 자기자신의 에너지로 변환시킬 수 있었기 때문입니다. 응원을 하면 할수록 타오르는 타입입니다.

칭찬받아 성장하는 타입이 많은 것이 감정 Zone에 속하는 사람들의

16 하뉴 유즈루(羽生結弦, 1994~): 일본의 피겨 스케이팅 선수. 2018년 평창 올림픽 금메달리스트.

특징입니다. 「대단하다!」, 「역시!」, 「천재!」라는 말을 들으면 들을수록 모티베이션이 올라갑니다. 오히려 감정 Zone인 사람은 「더 말해줘!」 하고 칭찬받는 것을 기다리는 면도 있습니다. 칭찬받으면 받을수록 뻗어 나갑니다.

가는 윤곽을 보고 파악할 수 있는 것은 체력이 약하다는 것입니다. 스포츠 선수에게는 불리한 조건이지만 다른 한편으로는 작은 입이 에너지 소비를 조절해 주므로 지구력이 강하다는 걸 알 수 있습니다.

옆에서 볼 때 턱끝에서 입으로 향하는 라인이 곧게 선 모양이나 단단한 살집으로 엿볼 수 있는 것은 행동거지가 항상 냉정하다는 것입니다. 그 냉정함 밑바닥에는 불꽃이 튀는 것 같은 감정이 이글거리며 타고 있다는 것을 간파할 수 있습니다.

결정하면 곧바로 실행합니다. 눈의 가늘기와 안구에 덮일 듯한 눈꺼풀, 옆얼굴의 형상 등을 보면 말한 것은 반드시 실행하는 언행일치 타입이라는 것을 알 수 있습니다.

부상으로 인해 연습 없이 곧바로 투입될 수밖에 없었던 2018년 평창 올림픽에서 하뉴는 선언한 대로 금메달을 획득했습니다. 많은 사람들이 「어렵다」고 생각했음에도 불구하고 결과를 낸 것은 「이기고 싶다」, 「올림픽에서 2연패를 하고 싶다」는 모티베이션이 폭발했기 때문입니다. 전세계를 감동시키는 기적을 일으킨 사람이 하뉴 유즈루(羽生結弦)라는 사람입니다.

더할 나위 없이 이상을 추구하는 완벽주의자라는 것은 가는 눈과 입술을 통해 알 수 있습니다. 세계 최고 득점을 올려도, 올림픽에서 금메달을 두 번이나 획득해도, 자신의 이상을 실현하지 못하면 결코 만족하지 못합니다. 어쩌면 금메달마저도 통과점이라고 할 정도로 그에게는 높은 이상이 있습니다. 이상을 실현하고자 하는 욕망이 자기 억제의 원동력이 됩니다.

타자와의 커뮤니케이션은 좁고 깊은 것을 좋아합니다. 마음에 들지 않는 다수와 함께 하기보다는 마음을 알 수 있는 친구나 파트너 한 사람과 함께 있는 것을 좋아합니다. 이것은 가는 윤곽과 쑥 들어간 눈으로 알 수 있습니다. 레토라쿠테인 까닭에 고독에 강한 타입입니다.

섬세한 감수성을 나타내는 여린 마음과 덧없음, 이상을 위해 금욕적 생활을 할 수 있는 강인함, 양극단이라고 할 수 있는 경향을 겸비한 것이 하뉴 유즈루(羽生結弦)의 매력입니다. 이것이 여성 팬의 마음을 움켜쥐는 요인이라고 할 수 있겠습니다.

∷∷ 만족할 줄 모르는 탐욕스런 현실주의자 – 코코 샤넬 / <활동 Zone>

화려한 패션 세계에 몸담은 초현실주의자, 코코 샤넬이라는 여성에 대한 설명입니다.

패션 디자이너는 미적 감각이나 감성, 상상력 등이 요구되는 직업으로 사고 Zone인 사람에게 적합합니다. 원래 활동 Zone은 현실주의자이지만 그녀는 「초(超)」가 붙을 정도입니다. 눈에 보이는 것, 물질적인 이익 밖에 믿지 않는 경향이 강하므로 패션 세계에서 성공했다고 할 수 있습니다.

어떻게 된 일인지 설명해보겠습니다. 그녀가 디자이너로서 데뷔한 20세기 전반은 아직 여성의 사회 진출이 드문 시대입니다. 부유층을 제외하고 세련된 여성 패션은 보기 어려운 상황이었습니다.

이런 시대에 그녀가 디자인한 패션은 기능적이면서 실용적, 게다가 세련되었습니다. 그 대표가 「샤넬 슈트(Chanel suit)」입니다. 지금까지 없던 기능성과 실용성을 겸비한 패션은 많은 여성을 사로잡았습니다.

코코 샤넬이 어떻게 세상을 바꿀 정도의 디자인을 만들어냈을까요? 그것은 그녀가 현실주의자이기 때문입니다. 그때까지의 여성 패션은 매일 갈아입을 수 있으면서 동시에 디자인이 뛰어난 기능적이고 실용적인 것은 별로 없었습니다.

코코 샤넬은 모든 여성들이 요구하는 것이 무엇인지 간파하는 예리한 관찰력과 활동 Zone의 특징인 손재주에서 오는 재단, 봉제의 뛰어난 기술력을 겸비하고 있었습니다.

상상력만으로 구사한 디자인 우선이 아니라, 시장의 니즈를 파악해 여성이 요구하는 패션을 만든 것이 활동 Zone답다고 할 수 있습니다. 실용성으로부터 디자인까지 확장해 들어간 선구자일지도 모르겠습니다.

듬직한 윤곽으로도 알 수 있듯이 풍부한 에너지가 있고 타자와의 커뮤니케이션은 활동적입니다. 크게 뜬 눈으로부터 왕성한 호기심, 듬직한 윤곽을 통해 정력적으로 자신의 영역을 넓히는 여성이라는 것을 알 수 있습니다.

곧은 이마를 보면 대단히 완고합니다. 눈꼬리가 올라가 있으므로 다른 사람이 하는 말은 일체 듣지 않습니다. 타인의 영향을 받지 않았기 때문에 샤넬은 유일무이하게 빛나는 패션 브랜드가 될 수 있었습니다.

에너지가 넘치는 그녀는 지는 것을 몹시 싫어하고, 한 번 행동을 하면 기세 좋게 돌진합니다. 그 기세는 마치 장애물을 제거해 나가는 불도저 같습니다. 생기가 있는 살집과 옆얼굴 형상이 이를 말해줍니다.

활동 Zone인 코코 샤넬에게 있어서 물질적, 금전적 안정이야말로 마음의 평화였고, 실제로 탐욕스러울 정도로 부를 손에 쥐었습니다. 그녀의 사전에 「만족」이라는 단어가 없었을지도 모르겠습니다. 그런 탐욕스러운 사람이었기 때문에 패션 브랜드 샤넬을 일체의 타협 없이 최고의 브랜드로 만들어 낼 수 있었다고 말할 수 있습니다.

⠿ 두 가지 포인트를 파악한다

사고 Zone, 감정 Zone, 활동 Zone을 대표하는 유명인의 종합 분석을 봤습니다. 어떻습니까? 「역시 그러네」하고 납득이 가는 것도 있지만 반대로 「에~ 그런가?」하고 의외로 생각할 여지도 있을지 모르겠습니다. 상모심리학에 근거해서 분석하면 그 사람의 성향을 알 수 있습니다.

> • 이렇게 하면 기뻐할 것이라는 급소를 파악한다.
> • 이렇게 하면 싫어할 것이라는 지뢰를 피한다.

누구에게나 들어맞는 이 두가지 포인트를 파악해 나가면 상대와 원활한 커뮤니케이션을 할 수 있습니다. 또 양호한 관계를 형성하고 유지해 나가는 것도 가능합니다. 예를 들면 당신이 스티브 잡스의 부하 직원이라고 합시다. 신상품 아이디어를 제안할 때에는 논리적으로 설명해야 합니다. 감정을 폭발시킨다든지 공감을 얻으려는 듯한 커뮤니케이션은 NG입니다. 질문을 받았을 때 애매한 답변을 하면 아무리 뛰어난 아이디어라 하더라도 퇴짜를 맞게 됩니다. 모르는 것은 솔직하게 「모릅니다」라고 말해야 합니다.

마찬가지로 당신이 하뉴 유즈루(羽生結弦)씨의 코치라고 한다면 칭찬하는 것으로 동기부여를 해야 합니다. 이미 신뢰 관계가 구축되어 있다면 일대일로 밀접하게 접촉하고 여럿이 왁자지껄한 커뮤니케이션은 피하도록 합니다.

혹은 당신이 코코 샤넬의 비즈니스 파트너라고 한다면 추상적이거나 숫자가 들어가지 않은 목표를 테마로 하는 것은 금물입니다. 매출이나 이익을 늘릴 현실적인 이야기를 하지 않으면 그녀로부터 외면당하고 맙니다.

상대의 얼굴에 나타나는 정보를 근거로 면대면(face-to-face)의 섬세한 대응을 하는 것이 중요합니다. 익숙하기 전에는 헷갈리는 경우도 있지만 두 가지 포인트를 확실히 파악해 둔다면 정확하게 커뮤니케이션을 할 수 있습니다.

이 기법은 만국 공통입니다. 눈 앞에 있는 사람이 다른 언어를 구사하는 사람이라고 하더라도 얼굴을 보는 것만으로 「이 사람은 이런 사람이다」라고 순간적으로 알아차릴 수 있습니다.

만약에 당신이 상모심리학을 이해하고 있다면 첫 대면한 외국인과의 접촉에서도 상대의 성격이나 생각을 재빠르게 파악할 수 있습니다. 그리고 다양한 내용에 근거해서 상대에게 적합한 커뮤니케이션을 한다면 「뭐야 이 사람은 이 정도로 나를 잘 알고 있단 말이야?」하고 감격할 것입니다. 그 상대가 상담을 검토하려고 하는 사람이라면 틀림없이 당신을 파트너로 선택할 것입니다.

∷ 마지막까지 물과 기름 사이였던 찰스 황태자와 다이애나 비

지금부터 전 세계 누구나도 알고 있는 영국왕실 세 커플의 상성에 대

찰스 황태자
(출처 : 위키백과)

다이애나 비
(출처 : 위키백과)

해서 살펴 보겠습니다. 왜 이 커플이 서로 끌렸는가? 혹은 잘 지내고 있는지 아닌지를 생각하면서 읽어 나가면 조합의 묘미가 보일 겁니다.

만약 여기서 예를 든 유명인과 주변의 누군가가 같은 성질을 갖고 있다면 치환해서 읽어도 좋겠지요. 그 주변 사람과의 거리가 가까워지거나 사이가 깊어지는 힌트가 산재해 있을 겁니다.

우선은 찰스 황태자와 다이애나 비의 상성부터 보겠습니다. 찰스 황태자는 감정 Zone이고, 다이애나 비는 사고 Zone입니다.

두 사람의 경우, 찰스 황태자가 엑셀레이트 역이고, 다이애나 비가 브레이크 역입니다. 서로 상대를 보강해 줄 때는 사이 좋게 지내지만 한번 톱니바퀴가 어긋나기 시작하면 균열이 생기기 쉽습니다. 이 두 사람은 마지막까지 물과 기름 관계로 그 틈을 메울 수 없었습니다.

감정 Zone인 찰스 황태자는 민감하고 섬세한 감수성을 소유한 사람이지만 모든 사물을 부정적으로 받아들이기 쉽습니다. 그리고 뭔가를 할 때는 호오(好惡)에 따라 결정합니다. 감정 Zone이므로 감정의 동향이 그의 행동 경향을 결정합니다.

커뮤니케이션 능력은 높지만 콧구멍이 보이지 않으므로 마음을 닫아 두는 경우도 많고, 좀처럼 본심을 말하고 싶어하지 않은 것을 알 수 있습니다. 형식적인 주고받기로 일관하면서도 그것으로 「자신을 알아주면 좋겠다」라는 인정 욕구가 강한 타입입니다(감정 Zone이 확장되어 있는 것으로 이해 할 수 있습니다). 눈이 가늘기 때문에 선택 욕구가 강하다는 것도 알 수 있습니다. 이와 같이 복잡한 감정을 겸비하고 있는 남성입니다.

정면에서 보이는 귀와 듬직한 턱선으로부터 독립심과 야망 모두 왕성합니다. 모든 사람을 이끌고 가는 리더 타입이라 할 수 있지만 결과를 서두르는 나머지, 침착하게 일에 매진하는 것은 서툽니다. 진정한 탑(Top)으로는 어울리지 않습니다.

이렇게 성미가 까다로운 인물을 최선을 다해 떠받치려고 한 것이 다이애나 비입니다. 사고 Zone이기 때문에 상상력이 풍부합니다. 큼지막한 눈과 섬세한 눈의 라인이 호기심 왕성한 이상주의자인 것을 드러냅니다. 독립심도 왕성하고 경사가 있는 콧날을 보면 자신의 생각을 정확하게 상대에게 전달하는 것이 특기라는 걸 알 수 있습니다. 부드럽게 부풀어 오른 살집이 상대를 포용하는 관용성, 환경에 대한 적응이 뛰어난 순응성을 겸비하고 있는 것을 나타냅니다. 즉 대단히 사교적인 여성입니다.

눈이 크고 시원스러운 모습을 보면 원하는 정보를 정력적으로 모으려고 하지만, 자신의 생각을 고집하는 완고한 일면도 갖고 있습니다. 또 「하늘은 한 사람에게 너무 많은 재능을 주었다」라고 해도 좋을 정도로 완벽한 여성임에도 불구하고, 턱끝이 뾰족한 것이 나타내듯이 자기자신에 대한 확신 부족으로 본심을 좀처럼 말하지 않으려는 경향이 있습니다. 커뮤니케이션 능력은 있는데 열정을 상대에게 전달하는 것을 주저하는 경우도 있습니다.

사고 Zone이므로 이론적으로 사물을 생각하지만 높은 이상과 자신감 없는 자신이 서로 부딪혀 욕구 불만이 되기 쉽습니다. 이러한 갈등이 더욱더 자기자신을 몰아세웁니다.

상성에 대해서 말하면, 좋고 싫음으로 사물을 판단하는 찰스 황태자는 항상 자신이 주도권을 쥐지 않으면 마음에 들어 하지 않습니다. 옆얼굴 형상과 감정 Zone인 것을 미루어 생각하면 문제가 발생하면 상황을 바꾸는 것으로 해결책을 찾아내는 타입입니다.

다이애나 비(妃)는 문제를 극복하는 탁월한 능력이 있지만, 자기자신에 대한 자신감 결여로 인해, 많은 경우 도전보다는 현상 유지를 선택하기 쉽습니다.

감정 공유를 상대에게 요구하는 찰스 황태자. 이론적으로 사물을 생각하는 다이애나 비는 커뮤니케이션이 어긋나는 경우도 빈번했을 것이고, 결국 이 두 사람이 손을 맞잡고 하나의 인생길을 걸어가기에는 어려운 점이 있었겠지요. 서로 이해했다면 상대에게 없는 것을 보강하는 최고의 커플이 되었을 것입니다만, 일단 균열이 생겨버리면 어느 쪽도 다가서려고 하지 않게 되어 회복 불능의 상태가 된 것으로 분석할 수 있습니다.

::: 윌리엄 왕자를 헌신적으로 지지한 캐서린 비

다음은 양친의 불화를 보고 자란 두 왕자들과 그들의 비(妃)의 상성(相性)을 보겠습니다. 고의인지 우연인지 알 수 없습니다만, 캐서린 비역시 다이애나 비와 같은 사고 Zone입니다. 모두 지적이고 미적 센스가 뛰어나고 높은 이상을 가진 논리적 사고의 주인공입니다. 이러한 여성이 영국 왕실의 남성에게 사랑을 받게 되었지요.

윌리엄 왕자와 캐서린 비를 보면 윌리엄 왕자는 활동 Zone이고, 캐서린 비는 사고 Zone입니다. 이 두 Zone의 경우 상대의 이점을 발견하고, 서로의 이용 가치를 인정하면 최고의 파트너가 됩니다.

콧구멍의 형상을 보면 윌리엄 왕자는 초완벽주의자입니다. 뭐든지 자신이 최고가 되지 않으면 마음에 들어 하지 않습니다. 자신이 최고가 되지 않으면 욕구 불만을 느낍니다.

윤곽의 가느다람, 눈·코의 가는 라인을 보면 감수성이 대단히 민감합

윌리엄 왕자
(출처 : 위키백과)

캐서린 비
(출처 : 위키백과)

니다. 눈 위의 부풀기로 보면 예리한 관찰력, 코의 뿌리가 움푹 들어간 것으로 보면 비평을 좋아한다는 것을 간파할 수 있습니다.

가는 윤곽과 과도하게 돌출된 턱끝이 자신이 선택한 상대에게는 아낌없는 애정을 쏟는 것을 암시합니다. 때로는 이것이 상대에게는 압박이 될 정도로 강합니다.

선택 욕구가 강한 것은 가는 눈으로 엿볼 수 있습니다. 자신이 고른 상대는 항상 최대한의 이용 가치가 있어야 합니다. 그런 윌리엄 왕자의 욕구를 채워준 것이 캐서린 비입니다. 윌리엄 왕자에게 있어서는 최고의 여성이라고 할 수 있겠지요.

사고 Zone인 캐서린 비는 지적 호기심이 왕성하고, 상상력이 풍부한 이상주의자입니다. 턱끝이 듬직하므로 야망도 왕성합니다. 살집의 풍부함과 생기가 있는 것을 보면 문제에 대한 저항력, 인내력, 지구력도 갖고 있고, 생각으로 그린 이상은 확실하게 실현하는 당찬 여성입니다. 듬직한 윤곽, 살집의 풍부함으로 보면 관용성, 순응성도 뛰어나고 사교적이고, 타자와의 커뮤니케이션도 원활합니다.

화려하고 아름다운 영국 왕실이라는 환경은 캐서린 비에게 있어서 지적 호기심과 이상을 충족시키는 최고의 장소로, 그것을 제공해 준 윌리엄 왕자는 캐서린 비에게 있어서도 최고의 파트너라고 할 수 있습니다.

이 두 사람이 잘 지낸다면 캐서린 비의 노력 덕분입니다. 항상 최고가 아니면 만족하지 못하는 윌리엄 왕자의 어떤 응석도 캐서린 비는 받아들입니다. 그녀의 큰 도량은 얼굴 윤곽에서 나타나는 지구력과 살집의 풍부함, 생기로부터 이해할 수 있습니다.

주도권을 쥐고 「모든 것을 자신이 결정하고 싶다」고 생각하는 윌리엄 왕자의 성격을 잘 이해한 다음에 때로는 순종적이 되고, 때로는 음지에서 훌륭하게 내조하면서 왕자가 요구하는 방향으로 캐서린 비가 능숙하게 조절해 나갑니다.

문제가 일어나도 실제로 키를 잡는 것은 캐서린 비입니다. 어떠한 곤란을 만나도 캐서린 비의 활력과 기지로 지금까지의 모든 문제를 극복해 왔습니다. 「생각한 것은 실현시킨다」는 캐서린 비의 높은 모티베이션이 최고의 해결책을 제공해 줍니다.

레토라쿠테로 체력 양은 적고, 또 지나치게 감수성이 민감한 윌리엄 왕자에게는 캐서린 비 정도의 도량은 없습니다. 캐서린 비가 윌리엄 왕자를 뒷받침하는 한 이 두 사람의 관계는 지속될 것입니다.

::: 둘만의 세계관을 구축한 헨리 왕자와 메간 비

비로소 그 행동이 전 세계의 주목을 받고 있는 헨리 왕자와 메간 비. 헨리 왕자는 활동 Zone이고 메간 비는 사고 Zone입니다.

곧은 이마를 보면 헨리 왕자는 숙고형입니다. 옆얼굴의 형상으로 보면, 깊이 생각해서 만든 사고나 결단에 자신감이 있기 때문에 다른 사람이나 환경의 영향을 받지 않음을 알 수 있습니다. 그 만큼 사고가 한쪽으로 치우치고 유연성이 결여되어 완고하기 쉽습니다.

레토라쿠테이므로 원래 에너지 양이 적고, 쓸데없는 행동은 극렬히 회피합니다. 선택 욕구는 강하고 자신이 모든 걸 결정하지 않으면 만족하지 못하는 타입입니다.

애정 면에서는 갈등을 안고 있어서 자신이 소망한 만큼의 사랑은 받지 못한 것 같습니다. 유소년기에 모친인 다이애나 비와 헤어진 것도 관계가 없지는 않겠지요. 레토라쿠테이므로 고독에는 강하고, 타자와의 커뮤니케이션에서는 벽을 만드는 경향이 있습니다. 자신의 생각을 좀처럼 상대에게 전하지 않는 비밀주의자입니다.

사고 Zone인 메간 비는 호기심이 왕성합니다. 턱이 듬직하고 크므로 손재주가 좋습니다. 풍부한 살집과 생기를 보면 활력도 넘칩니다. 디라

헨리 왕자
(출처 : 위키백과)

메간 비
(출처 : 위키백과)

테 특유의 듬직한 윤곽과 살집이 보여주는 대로 커뮤니케이션 능력이 탁월하고 누구와도 사이 좋게 지낼 수 있는 타입입니다.

이마가 곧게 일어선 것을 보면 완고합니다. 한번 정하면 좀처럼 자신의 의지를 바꾸려 하지 않습니다.

자신의 사고와 생각을 능숙하게 타자에게 건네지만 콧구멍이 정면에서 보이지 않으므로 본심을 감추는 경우가 많은 비밀주의적인 경향도 있습니다. 듬직한 윤곽으로부터 애정면에서는 고독에 약한 것을 간파할 수 있습니다. 호박처럼 통통한 코끝의 형상으로부터는 독점욕이 강하고, 욕심쟁이 같은 면이 있다는 것을 알 수 있습니다.

고독에 강하고 자신의 세계관 속에서 사는 자유분방한 헨리 왕자와 많은 애정을 요구하는 메간 비. 본래라면 전혀 교제할 일이 없는 두 사람입니다.

아마 헨리 왕자는 자신에게는 없는 사교성이나 관용성, 활력, 일을 계획적으로 실행하는 능력을 가진 메간 비에게 동경심을 품고 있었던 것은 아닐까요?

메간 비에게 있어서도 자신에게만 애정을 쏟는 헨리 왕자의 순진함에 독점욕이 충족되었겠지요. 메간 비의 독점욕의 강도가 그때까지 충족되지 않았던 헨리 왕자의 애정을 요구하는 심정과 딱 들어맞은 것 같습니다.

서로에게 본심을 그다지 드러내지 않았지만 신뢰 관계로 단단하게 묶인 두 사람만의 독자 세계관을 구축하고 있습니다. 그것이 지나치면 때때로 주위에 헐레이션(halation)[17]을 일으킬 수 있습니다.

「가깝지만 멀다. 멀지만 가깝다」. 두 사람의 상성은 나쁘지는 않지만 본래 요구하는 욕구가 너무나도 다릅니다. 하나의 톱니바퀴가 어긋나면 천성이 괄괄한 메간 비와 다른 사람과의 커뮤니케이션에 벽을 치는 헨리 왕자의 관계는 맥없이 무너지는 경우가 있을지 모르겠습니다.

◦◦◦ 호오(好惡)가 분명한 엘리자베스 여왕

지금까지 세 쌍의 상성을 봤습니다 이번에는 부모 · 자식 · 손자 3대

---

17 헐레이션(halation): 강한 광선으로 흐릿해지기. TV화면에서 밝은 부분 주위에 보이는 빛의 고리.

를 보겠습니다. 엘리자베스 여왕부터 이
어지는 부모 자식 3대의 각각의 상성을 살
펴보면 전 세계를 놀라게 한 헨리 왕자의
왕실 이탈 문제의 본질의 일단을 엿볼 수
있을지 모르겠습니다.

엘리자베스 2세
(출처 : 위키백과)

　우선은 1952년 즉위 이후 이미 70년
가까이 그 자리에 군림하고 있는 엘리자
베스 여왕의 개인 분석부터 해보겠습니
다. 여왕에게 가장 확장되어 있는 Zone은
감정 Zone입니다. 이것으로 사물에 대한 판단 기준은 좋고 싫음입니
다. 윤곽은 레토라쿠테이므로 뭐든지 자신이 고르고 싶은 욕구가 강하
다는 것을 알 수 있습니다.

　커뮤니케이션에 있어서도 좋고 나쁨이 확실하게 서 있는 타입입니
다. 그녀의 선택안으로 고른 좋아하는 상대에게는 아낌 없는 애정을 쏟
지만 싫은 상대에 대해서는 그녀의 높은 고찰력(考察力)으로 결점을 발
견해 강하게 비판하는 경향이 있습니다. 눈과 눈 사이가 좁은 형상이 고
집과 비평 성향을 강하게 나타냅니다. 또 가늘게 느껴지는 윤곽으로부
터 원한이나 증오는 곧장 잊어버리기보다는 마음속 깊이 간직하는 타
입이라는 것을 알 수 있습니다.

　풍부한 볼살에는 관용성, 순응성이 높다는 것이 엿보이지만 윤곽이
가는 것이나 눈이 쑥 들어간 것은 그녀가 선택한 환경 안에서라는 제한

이 붙습니다. 타자와의 공감이나 공유도 원하지만 이것 역시 자신이 고른 상대로 한정합니다. 불특정 다수보다는 그녀가 엄선에 엄선을 거듭한 소수의 사람과 함께하는 것을 선호합니다.

반듯한 형상의 이마로는 골똘히 생각하는 숙고형이라는 것을 알 수 있습니다. 입에서 턱에 걸친 경사로 보면 무의식적으로 행동하고 비행하듯 일단 달리고 보는 자신의 행동을 뒤에 후회하는 경향이 있습니다.

듬직한 턱끝을 보면 야심은 풍부합니다. 눈앞의 문제나 곤란함도 극복하는 높은 능력을 갖고 있습니다.

종합적으로 말하면 상냥함과 관용성, 순응성도 갖추고 있지만 그것들이 발휘되는 것은 그녀가 선택한 상대와 환경 안에서 입니다. 내향적이고 보수적입니다.

::: 다른 Zone의 조합에서도 순조롭다

엘리자베스 여왕과 찰스 황태자는 같은 감정 Zone이고, 손자는 둘 다 활동 Zone으로 다릅니다.

엘리자베스 여왕을 중심으로 각각의 상성을 보겠습니다.

우선은 부모와 자식. 엘리자베스 여왕과 찰스 황태자 두 사람은 서로 감정 Zone이 확장되어 있습니다.

이 둘은 서로에게 감정의 공감과 공유를 요구하고, 동시에 서로 나누어 가질 수 있는 대단히 좋은 상성이라고 할 수 있습니다. 원칙적으로 서로 상대에게 호의를 품고 있을 때에 한정해서 말입니다.

공통점은 좋고 싫음이 사물을 판단하는 기준입니다. 하나에 쉽게 고집부리는 경향이 있고, 비판·비평을 매우 좋아하고, 선택 욕구가 아주 강하며, 무엇이든 자신이 고르지 않으면 만족하지 못하는 데다가 인정 욕구도 대단합니다.

엘리자베스 여왕이 일보 후퇴해서, 주도권을 잡고 싶어하는 찰스 황태자의 존재를 존중해 주는 동안은 양호한 관계가 유지되지만, 일단 그녀의 인정 욕구가 그의 인정 욕구를 이기려고 하면 서로가 한발짝도 양보하지 않으려는 상황이 되어 감정의 고조와 함께 최악이 되어, 두 번다시 회복 불가능한 관계가 됩니다. 엘리자베스 여왕이 하기에 따라서 최고가 되기도 하고, 최악이 되기도 하는 것이 두 사람의 상성입니다.

이어서 엘리자베스 여왕과 손자 윌리엄 왕자입니다. 가장 확장되어 있는 Zone이 감정 Zone과 활동 Zone으로 서로 다릅니다. 커뮤니케이션의 어긋남이 발생할 수 있는 조합이지만 그것을 회피하는 것이 윌리엄 왕자입니다.

윌리엄 왕자는 관찰안이 대단히 예리하고, 동시에 손재주가 좋습니다. 눈앞의 현실을 근거로 다양한 가능성을 열어 두는 상상력을 활용해서 엘리자베스 여왕이 무엇을 바라는지, 무엇을 만족시키면 자신의 생각대로 움직일 수 있는지를 알고 있습니다.

상대가 자신을 좋아하고 필요로 하는 인정 욕구가 강한 감정 Zone

인 엘리자베스 여왕은 윌리엄 왕자에게 사랑받고 있다는 생각이 충족되면 대부분의 일은 신경 쓰지 않습니다. 윌리엄 왕자는 이것을 분명하게 숙지하고 있습니다.

∷ 엘리자베스 여왕은 헨리 왕자의 좋은 이해자

이번에는 엘리자베스 여왕과 헨리 왕자입니다. 이쪽도 감정 Zone과 활동 Zone의 조합입니다. 단지 상대와의 감정 공유를 요구하는 엘리자베스 여왕과 자신의 세계관에 사는 헨리 왕자는 요구하는 가치관이 너무 달라 좀처럼 어울릴 일이 없고, 상성은 결코 「좋다」고는 할 수 없습니다.

그렇지만 엘리자베스 여왕이나 헨리 왕자나 공히 사물을 깊이 파고들어 생각하는 숙고형 타입입니다. 공통의 사고 경향을 가진 두 사람은 설령 서로의 가치관이 겹치는 일이 없더라도 함께 있으면서 편안하게 느끼는 것은 확실합니다.

엘리자베스 여왕은 어딘지 모르게 자신과 닮은 곳이 있는 헨리 왕자를 누구보다도 사랑스럽게 생각하고, 헨리 왕자도 왠지 모르겠지만 엘리자베스 여왕은 싫어할 수 없는 존재라고 생각하는 것은 아닐까 합니다. 애정 면에 갈등을 안고 있는 헨리 왕자에게 공감하고 상대를 품을 수 있는 것은 엘리자베스 여왕이기 때문이지요.

단, 엘리자베스 여왕은 「자신의 행복은 상대에게도 행복」으로 간주해 상대에게 자신의 감정을 압박하기 쉬운 경향이 있습니다. 다른 사람의 간섭을 좋아하지 않고, 다른 사람과의 커뮤니케이션에는 간격을 유지하는 헨리 왕자에게 있어서는 그녀로부터의 애정이 때로는 중압감으로 다가오기도 합니다. 상성이 좋지 않은데도 어딘가 닮은 구석이 있고 둘의 관계는 종이 한 장 차이로 최고로 좋은 경우도 있습니다.

엘리자베스 여왕을 기점으로 해서, 상모심리학을 기반으로 영국왕실의 멤버 관계를 살펴보면 각각이 안고 있는 문제와 앞으로의 전개가 쉽게 보입니다.

「이러한 결단을 한 것은 이러한 경향이 있기 때문인가?」, 「이런 관계성이 있으므로 저런 결과가 나온 것인가?」, 상모심리학으로 보면 일어난 사건의 원인도 설명이 됩니다. 여기서는 영국 왕실의 멤버를 살펴봤지만 당신 주변의 사람들의 얼굴을 분석해 보면 그 때의 행동 원인도 파악할 수 있고, 앞으로의 행동이나 관련성도 예측 가능합니다.

::: 상대의 얼굴 변화를 간파해서 커뮤니케이션을 한다

상모심리학자가 행하는 분석은 다양한 요소를 조합해서 본인조차도 눈치채지 못한 그 사람만의 특성을 부각시켜 나갑니다. 영국 왕실의 분석에서는 멤버간의 상성면을 중심으로 설명했습니다만 이것은 이대로 비즈니스에도 적용됩니다.

장점, 단점 어느 쪽이든 개성으로써, 그 사람의 본질과 연관이 있습니다. 자기자신을 포함해서 그것을 알고 있다면 서로가 순조롭게 커뮤니케이션을 진행할 수 있습니다. 적어도 모르고 있는 것 보다는 월등하게 좋은 커뮤니케이션을 할 수 있습니다.

반복해서 이야기하지만 얼굴은 변합니다. 그것은 내면이 변화하기 때문입니다.

「살집이 풍부해졌구나 / 얇아졌네」 상대의 얼굴 변화를 읽어 들여 그것에 따른 커뮤니케이션을 해 나가면 자신의 변화를 알아준 것에 감격해서 고맙게 생각할 것입니다. 언제까지나 좋은 관계를 유지할 수가 있습니다.

◦◦◦ 자신의 약점을 상대의 강점으로 보강한다

사람은 혼자서는 살아갈 수는 없습니다. 회사 경영에 한정하지 말고, 개인적인 일에 있어서도 무언가를 하려고 하면 함께 해줄 사람이 필요합니다.

상성뿐이라면 같은 Zone의 사람과 함께 행동하면 잘 됩니다. 당연히 같은 조직에는 자신과 다른 Zone의 사람도 있겠지요. 다른 Zone

이라도 자신이나 상대가 서로 좋은 점을 활용하면 양자에게 플러스가 됩니다.

이때 자신에게 없는 강점을 가진 사람, 자신의 약점을 보강해줄 사람과 조를 이루면 일이 잘 풀립니다.

예를 들면 자신이 아이디어가 풍부한 사고 Zone이라면 그것을 많은 사람에게 멋지게 전달하는 것이 특기인 감정 Zone, 혹은 실현 방법을 도출하는 활동 Zone과 조합을 이루면 잘 되는 경우가 많습니다.

만약 하고 싶은 마음이 있을 때와 없을 때의 차가 심한 감정 Zone이라면 항상 냉정하고 논리적으로 생각하는 사고 Zone이나 현실적인 목표 설정에 능숙한 활동 Zone을 파트너로 구하면 좋을지 모르겠습니다.

메리트가 없는 일에 손을 내밀기 싫어하는 활동 Zone이라면 실력보다 높은 과제에 도전하는 것을 좋아하는 사고 Zone, 혹은 무슨 일이든지 즐겁게 하려고 하는 감정 Zone과 조합을 이루면 좋은 결과가 나올 것 같습니다.

당신이 조직의 리더 입장에 있다면 누구와 누가 조를 이루면 잘 되고, 반대로 잘 되지 않을지를 간파할 수 있어야 합니다. 그런 입장에 처하지 않더라도 자신에게는 없는 강점을 가진 사람과 조를 이루면 상승효과를 얻을 수 있습니다.

「자신의 약점을 보강해 주는 것은 저 사람」, 「나라면 저 사람의 약한 부분을 뒷받침해 줄 수 있다」 이런 식으로 자기자신과 타자의 강점과 약점을 의식하면 누구나 상상 이상의 결과를 얻을 수 있습니다.

　상모심리학에 대해서 대강 이해했다고 해도, 얻은 지식을 실제로 활용할 수 없다면 「무용지물」이 됩니다. 업무·개인적인 일을 불문하고, 습득한 지식을 활용해야 비로소 몸에 익었다고 말할 수 있습니다.

　상모심리학을 철저하게 활용하기 위해서 권말 자료를 준비했습니다. 앞으로도 상모심리학은 당신에게 도움이 될 것은 틀림없습니다.

맺음말

여기까지 읽어 주셔서 감사합니다. 상대에게 맞추는 것이 아니라 자신과 상대의 타입을 알고 적절하게 대응하는 것. 이것이 상모심리학에 근거한 커뮤니케이션 입니다.

눈앞에 있는 사람이 어떤 타입이고, 어떤 특징과 경향을 갖고 있는지 이해하고 있다면 자기자신에게 마음의 여유가 생깁니다. 하면 좋은 것은 적극적으로 행하고, 반대로 해서는 안 되는 일은 절대로 하지 않는다… 이것만으로 커뮤니케이션은 부드럽게 진행되고, 관계성도 좋아집니다. 업무나 개인적인 일 등, 일상 생활에서 상모심리학을 사용하는 장면은 많이 있습니다. 상대가 어떤 사람인가를 간파해서 그 상대가 기뻐하거나 좋은 반응을 보일 것 같은 커뮤니케이션을 하면 당신은 인간관계의 달인이 될 수 있습니다.

좋든 싫든 글로벌화는 점점 진전되어 갑니다. 언어를 초월한 커뮤니케이션 툴로서 상모심리학을 활용한다면 상대와의 관계는 양호해 지고, 조직 운영도 원활하게 돌아갑니다.

본문에서도 소개했습니다만 나의 세미나를 수강한 분은 겨우 3개월 만에 얼굴이 바뀌고, 극적으로 인생을 바꾸는 데 성공했습니다. 「얼굴이 변하면 인생이 바뀐다」는 것은 진실입니다.

상모심리학자로서 인생을 호전시킨 사람을 많이 알고 있으므로 앞으로도 계속해서 이 일을 해 나가려고 합니다.

「선수를 치면 다른 사람을 제압한다」, 「모르고 있으면 정말 아깝다」, 이렇게 생각하기 때문에 많은 일본인이 이 실천적인 학문을 빨리 이해했으면 좋겠고 활용했으면 합니다. 실천하면 반드시 효과가 있습니다. 얻을 수 있는 메리트도 많습니다. 한편 본서를 읽으시고 상모심리학에 대해서 더 자세하게 알고 싶은 분은 이곳을 방문해 주십시오.

홈페이지 http://a-cura.net/seminar
인스타그램 어카운트 bouzon_san
트위터 어카운트 @bouzontakako

발상의 나라 프랑스에서 길가는 사람에게 물어보면 대부분의 사람들이 그 존재를 알고 있듯이 어느 날인가 일본에서도 「상모심리학을 알고 있습니까?」라는 질문을 받으면 길가는 사람 대부분이 「예, 알고 있어요」 하고 대답하는 수준까지 된다면 상모심리학 보급에 매진하고 있는 한 사람인 저자로서 더할 나위 없이 기쁜 일일 것입니다. 저 자신도 상모심리학과의 만남으로 인생이 많이 변했습니다. 이번에는 당신 차례입니다. 당신의 인생이 멋지게 펼쳐지기를 기원합니다.

佐藤bouzon貴子(사토부존타카코)

권말 자료

권말자료 Ⅰ

얼굴을 보는 것 만으로 구별이 되지 않는
3개의 Zone을 간파하는 질문

Q 「지금 하시는 일을 선택한 이유는 무엇입니까?」

A 「자신의 꿈을 실현시키기 위해서」
「자신이 갖고 있는 지식과 자격을 활용할 수 있는 일이므로」
➡ **이상의 추구나 자신의 지적 우위를 어필한다**
.... 사고 Zone

A 「고객과 가슴 설레는 느낌을 공유할 수 있는 일이기 때문에」
「많은 분들의 행복에 도움을 줄 수 있는 일이기 때문에」
➡ **자신의 감정이나 상대와의 공감을 어필한다**
.... 감정 Zone

A 「급여나 복리후생이 확실하기 때문에」
「인맥이나 대인 관계의 폭이 넓어지기 때문에」
➡ **구체적인 메리트를 어필한다**
.... 활동 Zone

Q 좌절이나 실패로부터 배우는 것은 어떤 것입니까?

A 「무엇이 문제였는가 그 이유를 『가시화』하는 것의 중요합니다」
「가일층의 목표를 스스로 이룰 수 있었습니다」

➡ **이유나 이치, 이상으로 일체의 사물을 해결할 것 같은 말을 한다**

.... `사고 Zone`

Ⓐ 「자신 혼자서는 아무 것도 할 수 없다는 것입니다」
「동료의 응원이 자신의 힘이 된다는 것입니다」

➡ **타인의 존재의 중요성에 대해서 언급한다**

.... `감정 Zone`

Ⓐ 「무모한 꿈은 좇지 않습니다」
「익숙하지 않은 것은 하지 말아야 합니다」

➡ **현실적인 일, 엄격한 것을 말한다**

.... `활동 Zone`

Ⓠ **좌우명/좋아하는 단어는 무엇입니까?**

Ⓐ 「경천애인」
「하늘은 사람 위에 사람을 만들지 않았고, 사람 아래 사람을 만들지 않았다」

➡ **이상주의적인 말을 한다**

.... `사고 Zone`

Ⓐ 「소문만복래」
「봄이 오지 않는 겨울은 없다」

➡ **밝은 미래를 말한다**

.... `감정 Zone`

Ⓐ 「살아 있는 것만으로 대박(이익)」

「해결 안 되는 문제는 생기지 않는다」

➡ **현실을 기반으로 말한다**

.... 활동 Zone

Q 「10년 후에는 어떻게 되어 있을 것으로 생각하십니까?」

A 「사장이 되어 있지 않을까」

「신규 사업을 시작해서 해외로 진출하고 있다」

➡ **망상에 가까운 이상을 말한다**

.... 사고 Zone

A 「결혼해서 처와 아이들과 함께 행복하게 지내고 있겠지요」

「일도 가정도 친구 관계도 잘되어 즐거운 일상을 보내고 있겠지요」

➡ **자신의 기분이나 타인과의 관계성을 의식하는 말을 한다**

.... 감정 Zone

A 「실질적으로는 지금의 회사라면 과장 정도는 되어 있지 않을까」

「급여는 00엔 정도는 올라 있겠지요」

➡ **현실성이 있는 말을 한다**

.... 활동 Zone

Q 「쉬는 날은 어떻게 보내십니까?」

A 「오로지 독서만 합니다」

「그림이나 영화 관람을 합니다」

➡ 예술이나 지적인 취미에 대해서 언급한다

··· 사고 Zone

Ⓐ 「가족과 보내고 있습니다」
「친구와 봉사 활동을 하고 있습니다」

➡ 누군가와 함께 있다고 한다

··· 감정 Zone

Ⓐ 「우대권을 이용해서 레스토랑에 간다든지 합니다」
「취미로 DIY나 주말농장… 다음은 요리에도 열중하고 있습니다」

**➡ 물리적 · 금전적인 메리트가 있는 것, 음식이나 물건 만들기에 관한
취미 등을 구체적으로 언급한다**

··· 활동 Zone

권말자료 II
3개의 Zone별, 상대의 마음을 사로잡는 핵심 문구

프레젠테이션의 내용이 좋았을 때

● 상대가 **사고 Zone**이라면

➡ 「완벽한 내용으로 이상적인 프레젠테이션이었다」

➡ 「당신의 지식과 아이디어가 모든 걸 말해줬다」

● 상대가 **감정 Zone**이라면

➡ 「당신의 프레젠테이션에 격하게 공감했다.
참석한 사람 모두가 만족했을 것이라 생각한다」

➡ 「당신이 아니라면 할 수 없는 멋진 내용이었다」

● 상대가 **활동 Zone**이라면

➡ 「예산이나 매출 목표가 구체적이고 현실성이 있다」

➡ 「메리트가 단적으로 정리되어 있어 설득력이 있었다」

결과를 낸 부하를 칭찬할 때

● 상대가 **사고 Zone**이라면

➡ 「성공 비결을 알려줬으면 좋겠다」

➡ 「완벽주의인 당신이라면 완수할 것으로 믿었다」

- 상대가 **감정 Zone**이라면

  ➡ 「모두가 자네를 자랑스럽게 생각하고 있어요」

  ➡ 「안심하고 자네에게 맡긴 보람이 있군」

- 상대가 **활동 Zone**이라면

  ➡ 「분명 곧바로 승진할 거야」

  ➡ 「자네의 영업력이 최고라는 건 매출이 말해주네」

실패한 부하를 위로할 때

- 상대가 **사고 Zone**이라면

  ➡ 「원숭이도 나무에서 떨어지는 경우가 있지」

  ➡ 「실패가 아니라 공부다. 스킬업이다」

  ➡ 「프로 의식이 높은 자네에게 꼭 부탁하고 싶네」

  ➡ 「자네의 지식과 재능을 유감없이 발휘할 수 있는 기회라고
     생각해」

- 상대가 **감정 Zone**이라면

  ➡ 「자네 외에는 부탁할 수 없는 일이다」

  ➡ 「모두가 자네를 인정할 좋은 기회가 될 것으로 생각해」

- 상대가 **활동 Zone**이라면

  ➡ 「매출이 곧바로 평가로 직결되는 일이다」

  ➡ 「이번 일의 경험이나 인맥은 자네에게 메리트가 크다고
     생각한다」

다른 사람에게 충고를 부탁할 때

- 상대가 **사고 Zone**이라면

  ➡ 「꼭 당신의 풍부한 지식을 빌리고 싶습니다」

  ➡ 「저는 공부가 부족해서 잘 모르므로 가르쳐 주시겠습니까?」

- 상대가 **감정 Zone**이라면

  ➡ 「당신이기 때문에 어드바이스를 부탁드립니다」

  ➡ 「모든 사람들이 당신이라면 분명 힘이 되어 줄 것이라고 해서」

- 상대가 **활동 Zone**이라면

  ➡ 「보수는 지불할 테니 식사라도 하면서 상담하시지요」

  ➡ 「이야기의 내용은 분명히 당신에게도 메리트가 있다고
  생각합니다」

클라이언트가 계약을 하려고 할 때

- 상대가 **사고 Zone**이라면

  ➡ 「귀사의 이상 실현에 도움을 드리고 싶습니다」

  ➡ 「지향하는 곳은 언제나 저 높은 곳, 멋진 미래를 약속 드립니다」

- 상대가 **감정 Zone**이라면

  ➡ 「귀사에 도움이 되는 것이 저희들의 행복입니다」

  ➡ 「불안이나 걱정거리는 모두 함께 해결해 드리겠습니다」

- 상대가 **활동 Zone**이라면

  ➡ 「이들 모두가 귀사의 메리트입니다. 성가신 일은 모두 저희가 하

겠습니다」

➡ 「이것만큼 좋은 조건은 달리 없습니다. 타사와 비교해 보셔도 상관없습니다」

제안 받은 이야기를 온당하게 거절할 때의 수식어

● 상대가 **사고 Zone**이라면

➡ 「귀사의 높은 이상에 폐사의 실력이 아직 미흡해서~~」

➡ 「멋진 식견과 교시를 받고 감사하게 생각합니다만~~」

● 상대가 **감정 Zone**이라면

➡ 「개인적으로는 크게 공감이 가는 내용이지만~~~」

➡ 「둘도 없는 ○○ 씨의 멋진 제안입니다만~~~」

● 상대가 **활동 Zone**이라면

➡ 「귀사의 메리트도 생각해 봤습니다만~~~」

➡ 「단도직입적으로 결론을 말씀드리면~~~」

업무 실수를 사죄할 때

● 상대가 **사고 Zone**이라면

➡ 「이번 실수의 원인을 명확하게 밝힌 후에 보고서로 정리하겠습니다」

➡ 「초심으로 돌아가 자신의 약점과 맹점을 리스트 업 하겠습니다」

● 상대가 **감정 Zone**이라면

➡ 「○○ 씨에게까지 폐를 끼치고 말았습니다.

　　정말 드릴 말씀이 없습니다」

➡ 「관계된 모든 사람의 기대에 어긋나 죄송합니다」

● 상대가 **활동 Zone**이라면

➡ 「실수의 원인은 ○○ 입니다. ○○ 일 까지 해결하겠습니다」

➡ 「저희 쪽의 실수 부분은 금액으로 전액 보상하겠습니다」

상대에게 예의를 표할 때

● 상대가 **사고 Zone**이라면

➡ 「항상 신세지고 있습니다. 이번에 화제의 그 가게로 초대하겠습니다」

➡ 「이 제품의 좋은 점은 ○○ 씨라면 아실 것으로 생각합니다」

● 상대가 **감정 Zone**이라면

➡ 「우리끼리 파티이므로 ○○ 씨도 참석하셨으면 합니다」

➡ 「멋진 향이 나는 이 꽃을 ○○ 씨에게 보내려고 했습니다」

● 상대가 **활동 Zone**이라면

➡ 「미슐랭(Michelin) 별점 3개인 음식점으로 초대하겠습니다」

➡ 「이것은 유명 브랜드 한정품입니다」

권말자료 Ⅲ

3개의 Zone별, 자신의 강점을 안다 / 강점을 살리는 습관

사고 Zone

- 예술이나 미술품을 감상한다
- 조사/연구한다
- 사색에 빠진다
- 이상을 추구한다
- 새로운 것을 발굴한다
- 세상에 없는 상품/서비스를 개발한다
- 책을 많이 읽는다
- 창작 활동을 한다
- 사회나 유행을 관찰한다
- 비주얼과 디자인에 열중한다

감정 Zone

- 다른 사람의 이야기를 잘 듣는다
- 업무와 개인적인 일을 양립시킨다
- 좋아하는 일에 빠진다
- 누구나 상냥하고 친절하게 대한다
- 팀과 조직을 통합한다
- 상대를 칭찬한다
- 마음을 쓰고 대접을 한다
- 즐거운 일을 솔선해서 한다
- 음악을 듣는다
- 뒤처진 사람을 지원한다

활동 Zone

- 많은 사람과 접한다
- 시행착오를 거듭한다
- 편리성을 추구한다
- 부하를 움직인다
- 문제 해결에 적극적으로 매진한다
- 메리트와 직결되는 과제를 자신에게 부여한다
- 입소문과 선전을 한다
- 냉정하게 판단한다
- 사람을 소개한다
- 맛난 음식에 집착한다

권말자료 Ⅳ
3개 Zone별, 적성에 맞는 직업

사고 Zone

● 디자이너·크리에이터·작가·화가·연출가·기자/라이터·바둑 기사· 연구자·법률가·교사·파일럿·평론가·미용사/네일리스트(nailist)·프로그래머·사회사업가

감정 Zone

● 카운셀러·퍼실리테이터(facilitator)·코디네이터·인스트럭터·트레이너·투어 콘닥터·가이드·통역·보육사·간호사·연주가·판매원·객실승무원

활동 Zone

● 컨설턴트·회계사·파이낸설 플래너·딜러·은행원·경비원·엔지니어·정비사·공예가·농부/어부·쉐프/파티쉐(㊜ pâtissier)·영양사·미용사(㊜ esthéticien)

권말자료 V

역순 색인, 이런 경향이 있는 사람은
얼굴에 분명한 특징이 있다

자기자신과 주변 사람의 행동에 대해서, 「왜 이런 일을 하지?」 하는 의문이 들 때 얼굴을 봅시다. 그 사람이 가진 경향으로 힌트를 잡을 수 있습니다.

하나에 집중한다 　어디를 보면 좋을까? → **눈** → 눈과 눈 사이가 좁다
논리적인 문제 해결력이 있다 　어디를 보면 좋을까? → **관자놀이** → 관자놀이가 곧다
실행적인 문제 해결력이 있다 　어디를 보면 좋을까? → **살집** → 살집에 생기가 있다
자기 콘트롤을 잘 한다 　어디를 보면 좋을까? → **입** → 입을 다물고 있다
사고 스피드가 빠르다 　어디를 보면 좋을까? → **이마** → 이마가 경사져 있다
사물을 깊이 파고들어 생각한다 　어디를 보면 좋을까? → **이마** → 이마가 곧다
긍정적인 사고 　어디를 보면 좋을까? → **입** → 입꼬리가 올라가 있다
자신감이 있다 　어디를 보면 좋을까? → **턱끝** → 턱끝이 듬직하다

누구와도 능숙하게 커뮤니케이션을 한다.
어디를 보면 좋을까? → **살집** → 살집이 풍부하다

다른 사람 칭찬을 잘한다
어디를 보면 좋을까? → **입** → 입술이 두껍다

다른 사람 이야기를 잘 듣는다
어디를 보면 좋을까? → **눈** → 눈꼬리가 내려가 있다

문제 해결력이 부족하다
어디를 보면 좋을까? → **살집** → 살집에 생기가 없다

하나에 집중하지 못한다
어디를 보면 좋을까? → **눈** → 눈과 눈 사이가 넓다

자기 콘트롤이 서툴다
어디를 보면 좋을까? → **입** → 입이 벌어져 있다

망상 경향이 강하다
어디를 보면 좋을까? → **이마** → 이마가 볼록하다

제자리 걸음 하기 쉽다
어디를 보면 좋을까? → **관자놀이** → 관자놀이가 크게 움푹 꺼져 있다

상식에 쉽게 얽매인다
어디를 보면 좋을까? → **관자놀이** → 관자놀이가 꺼져 있다

현상과 쉽게 타협한다
어디를 보면 좋을까? → **귀** → 귀가 정면에서 보이지 않는다

부정적인 사고
어디를 보면 좋을까? → **입** → 입꼬리가 처져 있다

자신감이 없다
어디를 보면 좋을까? → **턱끝** → 턱끝이 뾰족하다

한정된 사람과 커뮤니케이션을 한다	
어디를 보면 좋을까? → **살집** → 살집이 얇다	

생각한 것을 곧바로 입 밖으로 낸다
어디를 보면 좋을까? → **코** → 콧구멍이 보인다

바른 말이지만 어조가 냉담하다
어디를 보면 좋을까? → **입** → 입술이 얇다

좀처럼 본심을 말하지 않는다
어디를 보면 좋을까? → **코** → 콧구멍이 보이지 않는다

마음 써 주기를 원한다
어디를 보면 좋을까? → **광대뼈** → 광대뼈가 튀어 나왔다

애정표현이 서툴다
어디를 보면 좋을까? → **입** → 입이 비대칭

다른 사람의 의견을 받아 들이지 않는다
어디를 보면 좋을까? → **눈** → 눈꼬리가 올라가 있다

다른 사람의 의견에 쉽게 휩쓸린다
어디를 보면 좋을까? → **눈** → 눈꼬리가 내려가 있다

세상의 유행이나 연예인에게 빠지는 경향이 있다
어디를 보면 좋을까? → **눈** → 눈이 시원스럽다

대충대충하고 덜렁댄다
어디를 보면 좋을까? → **코** → 콧날이 굵다

자기중심적
어디를 보면 좋을까? → **코** → 윤곽에 비해서 코가 작다

곧장 기분이 언짢아진다
어디를 보면 좋을까? → **코** → 콧날이 물결친다

감정 기복이 심하다 　어디를 보면 좋을까? → **살집** → 살집이 움푹움푹하다
논리적으로 사물을 생각하고, 말한다 　어디를 보면 좋을까? → **확장** → 사고 Zone
미적 센스가 뛰어나다 　어디를 보면 좋을까? → **확장** → 사고 Zone
자신의 실력에 비해 어려운 과제는 곧장 포기해 버린다 　어디를 보면 좋을까? → **확장** → 사고 Zone
칭찬이나 받는 것을 좋아한다 　어디를 보면 좋을까? → **확장** → 감정 Zone
서로 공감할 수 있는 대화를 좋아한다. 　어디를 보면 좋을까? → **확장** → 감정 Zone
외로움을 타는 경향이 있다 　어디를 보면 좋을까? → **확장** → 감정 Zone
사용할 수 있느냐 없느냐를 심각하게 판단할 수 있다 　어디를 보면 좋을까? → **확장** → 활동 Zone
돈을 굉장히 좋아한다 　어디를 보면 좋을까? → **확장** → 활동 Zone
배가 고프면 기분이 나쁘다 　어디를 보면 좋을까? → **확장** → 활동 Zone

권말자료 VI

기관·부위의 특징으로 간파한 성격·행동의 장단점

눈	● **눈꼬리가 올라가 있다** → 흥미 있는 것을 추구한다 / 다른 사람의 의견을 받아들이지 않고 시야가 좁다 ● **눈꼬리가 처져 있다** → 다른 사람의 이야기를 잘 듣고, 사물을 간파하는 능력이 있다 / 남의 의견에 휩쓸리기 쉽다 ● **동그랗게 뜨고 있다** → 호기심이 왕성하고 많은 정보를 모으는 것이 특기이다 / 눈으로 본 것에 영향 받기 쉬운 줏대 없는 면이 있다 ● **가늘다** → 양보다 질로 그것도 자신의 눈으로 확실하게 선택한다 / 선택 욕구가 강하다 ● **눈과 눈 사이가 넓다** → 호기심이 왕성하고 많은 정보를 수집하는 것이 특기이다 / 의식이 산만하고 한 곳에 집중하지 못한다 ● **눈과 눈 사이가 좁다** → 하나에 집중하는 능력이 있다 / 한 번에 여러 곳에 눈을 돌리지 못한다
코	● **구멍이 보인다** → 생각한 것을 솔직하게 말한다 / 쉽게 발설해 섬세함이 없다 ● **구멍이 안 보인다** → 본심을 말하지 않는 비밀주의이다 / 본심을 눈치챌 수 없다 ● **콧날에 경사가 있다** → 자신의 생각과 사고를 상대방에게 확실하게 전달할 수 있다 / 때로는 강하게 전하는 경향이 있다 ● **콧날에 경사가 없다** → 자신의 생각과 사고를 솔직하게 전달하는 데 서툴다 / 조심성이 있다 ● **콧날이 물결치다** → 다른 사람의 말과 정보에 민감하다 / 기분이 상하기 쉽다

입	● **입술이 두텁다** → 온후하고 어조도 침착하다 ● **입술이 얇다** → 정확한 반면 어조가 냉담해지기 쉽다 ● **열려 있다** → 자기 콘트롤이 안 된다 / 과도한 개방은 관용적인 인상을 준다 ● **다물고 있다** → 자기 콘트롤을 할 수 있다 / 자제력이 행동을 막아 버리는 경우도 있다 ● **입꼬리가 올라가 있다** → 긍정적인 사고를 한다 ● **입꼬리가 처져 있다** → 부정적인 사고를 한다
이마	● **경사가 있다** → 사고의 스피드가 빠르다 / 때로는 조급함으로 남에 대한 배려가 없다 ● **일직선** → 사물을 깊이 파고들어 가면서 생각한다 / 즉흥성이 결여되어 있고 완고하다 ● **볼록하게 튀어 나옴** → 상상력이 풍부하다 / 망상 기미가 있다
귀	● **정면에서 보인다** → 독립심이 강하고, 현실과 타협하지 않는다 ● **정면에서 안 보인다** → 무사안일주의로 현실과 타협한다 / 현실에 만족한다
관자놀이	● **일직선** → 상상이나 아이디어를 이론적, 현실적 사고로 치환하는 능력이 있다 ● **꺼져 있다** → 사고력이 있다/상식에 얽매이지 않는다 ● **푹 꺼져 있다** → 하나에 고집을 부리고, 제자리걸음을 하기 쉽다 / 신중하다

광대뼈	● **돌출되어 있다** → 애정 욕구가 강하다 / 돌출이 크면 클수록 상대에 대한 애정 욕구를 강요한다 ● **돌출되어 있지 않다** → 애정 욕구가 강하지 않다 / 남에게 강요하지도 않는다
턱끝	● **듬직하고 옆에서 보면 앞으로 나와 있다** → 야망과 실행력이 있다 / 자신의 의견을 상대에게 강요하는 경향이 있다 ● **듬직하지만 옆에서 보면 들어가 있다** → 야망이 있다 / 야망의 실현에는 사회적인 후원이나 타인의 존재가 필요하다 ● **가늘고 뾰족하다** → 야망이 없고 자신이나 타인을 그다지 신뢰하지 않는다
살집 (볼살)	● **풍성하다** → 다른 사람에 대한 관용성, 순응성, 사교성이 있다 / 환경이나 다른 사람의 영향을 쉽게 받고 둔감하다 ● **얇다** → 남에 대한 관용성, 순응성, 사교성이 없다 / 자신이 선택한 상대에게는 깊이 마음을 연다 ● **움푹움푹하다** → 정열적 / 감정의 변화가 심하고 성미가 까다롭다 ● **생기가 있다** → 모티베이션이 높고 문제에 대한 저항력이 높다 / 과도한 생기는 침착함의 결여로 연결된다 ● **생기가 없다** → 모티베이션이 낮고 문제 저항력이 낮다 / 동조성은 높지만 문제가 생기면 포기한다

권말자료 Ⅶ
한 눈에 보는 그림 요약

사고 Zone

- 지식 · 교양에 대한 관심이 왕성하다

- 유행에 민감하다

- 상상력이 풍부하다

- 때로는 망상적인 경향이 있다

- 원리와 이론으로 사물을 생각한다

- 이상주의 / 이상이 높다

- 이유를 중시한다

- 자신의 실력보다 상위의 과제에 도전한다

- 다른 사람의 명령을 싫어한다

- 아는 체 하는 것을 싫어한다

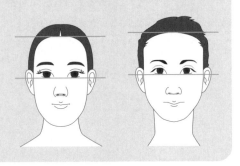

감정 Zone

- 상대에게 공감을 요구한다

- 인정 욕구가 강하다

- 좋고 싫음으로 결정하는 경향이 있다

- 객관성이 결여된 부분이 있다

- 애정을 주고 싶고, 받고 싶다

- 기분파적인 면이 있다

- 부추김에 약하다

- 세상 돌아가는 이야기를 좋아한다

- 공평성을 중시한다

- 냄새나 소리에 민감하다

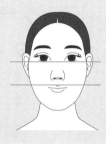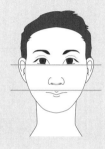

활동 Zone

- 현실주의
- 사람을 타산적으로 사귄다
- 성과주의가 어울린다
- 상상력이 빈약하다
- 현실적인 목표 설정과 수치화가 특기이다
- 눈에 보이지 않는 이상이나 비전은 확 와닿지 않는다
- 세일이나 할인에 반응한다
- 맛난 음식 먹는 것을 아주 좋아한다
- 공복이나 수면 부족으로 감정이 좌우되기 쉽다
- 손재주가 있어 물건 만드는 것이 특기다

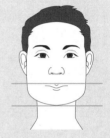

상대 Zone에 대응해서 이렇게 커뮤니케이션 합니다

자신이 사고 Zone인 경우		
상대가 사고 Zone이라면 →	o	상호 지적 호기심을 자극하는 과제(뉴스나 유행, 상대가 모르는 지식 등)에 유의한다.
	x	서로 지나치게 이론적이기 때문에 정상 쟁탈전이나 언쟁이 되기 쉬우므로 주의를 요한다.
상대가 감정 Zone이라면 →	o	이론 일변도가 아니라 자신의 감정이나 공감을 주고받으며 상대를 대하도록 유의한다.
	x	상대의 감정을 이론으로 윽박지르는 듯한 대화 · 단어 · 어조에 주의한다.
상대가 활동 Zone이라면 →	o	대화는 「이론→결론」이 아니라 결론 먼저 말하고, 가능한 한 구체적이면서 단적으로 한다. 상대의 이점도 고려하면서 대하도록 주의한다.
	x	추상적인 이미지나 머릿속의 이론만 장황하게 떠들지 않도록 주의한다.

자신이 감정 Zone인 경우		
상대가 사고 Zone이라면 →	o	대화는 한번 머릿속으로 순서대로 정리해서 입 밖으로 낸다. 자신의 감정을 억누른다든지, 공감을 지나치게 요구한다든지 하지 않도록 주의한다.
	x	상대의 의견이나 지식을 제대로 알지 못하면서도 「좋아요」, 「가르쳐 주십시오」라고 공감하는 듯이 대한다.

상대가 감정 Zone이라면 →	O	공통점과 공통의 화제를 발견하면 서로 공감하면서 접하도록 마음 쓴다.
	X	「좋다 · 싫다」는 주관이 갈리면 금세 감정이 부딪치므로 주의한다.
상대가 활동 Zone이라면 →	O	공감해서 기쁘게하기 보다는 어떻게 하면 상대가 기뻐할까(득이 될까)를 의식하는 데 마음 쓴다.
	X	대화가 가장 중요하므로 가능한 한 간결하게 이야기한다. 자신의 감정을 지나치게 억제하지 않도록 주의한다.

자신이 활동 Zone인 경우		
상대가 사고 Zone이라면 →	O	상대의 생각도 존중하면서 적당한 거리에서 후원하는 듯한 접촉을 한다.
	X	상대의 의견에 대해서 현실적 · 타산적인 답례만 하지 않도록 주의한다.
상대가 감정 Zone이라면 →	O	하나라도 좋으니 상대와의 공통점을 찾는 데 유의하고, 이해(利害)가 없더라도 상대의 호의나 감정에 일정한 이해를 표시하면서 대한다.
	X	상대의 기분을 이점의 유무나 합리성 만으로 판단해서 잘라 버리지 않도록 주의한다.
상대가 활동 Zone이라면 →	O	합리성 · 편리성 중시의 경향은 일치하므로 상호 이익이나 상승적 이익이 생기는 관계성에 유의한다.
	X	서로 자신의 이익 추구로 내달리기 쉽고, 한번 방향이 틀어지면 냉정한 관계가 될 수 있으므로 주의한다.

기관 · 부위의 비대칭과 윤곽으로 성격 · 행동을 간파한다

눈	미묘하게 비대칭 → 지성의 풍부함을 나타낸다 / 두 가지 비전을 겸비한다
	상당히 비대칭 → 복수의 정보를 지적으로 통합 · 처리할 수가 없다 / 자신에게 필요한 정보를 선별하지 못한다
코	구멍의 비대칭 → 애정 면에서 고민이나 염려 사항이 있다
입	비대칭 → 자신의 생각을 능숙하게 말로 표현하지 못한다
광대뼈	비대칭 → 「좋아하지만 싫다」처럼 애정의 이면성이 있다
턱	비대칭 → 정서가 불안정하고 충동적으로 행동하는 경향이 있다
윤곽에 비해서 눈이 크다	호기심이 왕성하고, 새로운 정보나 유행에 민감하다 / 시각으로부터의 자극에 영향을 받기 쉽다
윤곽에 비해 눈이 작고 쑥 들어가 있다	의지가 강하다 / 선택 욕구가 강하고, 자신의 생각을 고집한다
윤곽에 비해 코가 크다	타자와의 커뮤니케이션은 관대하다 / 덜렁거리는 경향이 있다
윤곽에 비해 코가 작다	항상 냉정하고 자신의 목표 달성을 위해 에너지를 사용한다 / 에고이스트적인 경향이 있다
윤곽에 비해 입이 크다	행동적이고 정력적이다 / 체력을 능력 이상으로 낭비하고 지구력이 없다
윤곽에 비해 입이 작다	지구력이 있다 / 스트레스를 쌓아두기 쉽다

눈은 지식 · 정보를 받아들이는 방법을 알려준다

눈꼬리가 올라간 사람은 약간 흥미 본위적인 면이 있다

눈꼬리가 처진 사람은 다른 사람의 이야기를 잘 듣는다

눈이 크고 시원스러운 사람은 호기심이 왕성하다

눈이 가는 사람은 정보의 선택 욕구가 강하다

관자놀이는 실행력을 알려준다

관자놀이가 일직선인 사람은
문제 해결력이 높다

관자놀이가 들어간 사람은
룰에 얽매이기 쉽다

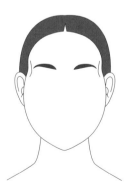

관자놀이가 크게 들어간 사람은
너무 신중한 경향이 있다

코는 커뮤니케이션 형태를 나타낸다

콧구멍이 보이는 사람은
생각한 것을 솔직하게 말한다

콧구멍이 보이지 않는 사람은
그다지 본심을 말하지 않는다

콧날에 경사가 있는 사람은
전달력이 있다

콧날에 경사가 없는 사람은
전달력이 약간 서툴다

귀는 독립심을 나타낸다

귀가 정면에서 보이는
사람은 독립심이 왕성하다

귀가 정면에서 보이지 않는
사람은 현상 유지 지향적이다

볼살은 관용성, 순응성, 사교성을 나타낸다

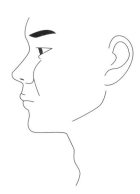

볼살이 풍부한 사람은
사교성이 좋다

볼살이 얇은 사람은
한정된 상대와 깊이 교류하는 것을
선호한다

입술은 말의 표현 방법을 나타낸다

입술이 얇은 사람은
말로 사람에게 상처 주기 쉽다

입술이 두꺼운 사람은
칭찬에 능숙하다

광대뼈는 사회적 욕구, 애정 욕구를 나타낸다

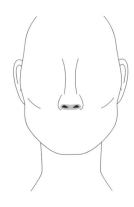

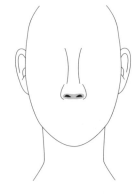

광대뼈가 튀어나온 사람은
애정이 깊다

광대뼈가 나오지 않은 사람은
애정 욕구가 강하지 않다

이마의 경사는 사고의 경향을 나타낸다

이마가 경사진 사람은
사고의 스피드가 빠르다

이마가 일직선인 사람은
숙고형(熟考形)이다

이마가 볼록한 사람은
상상력이 풍부하다

턱은 야망의 크기를 나타낸다

턱이 평평한 사람은
야망과 자신감이 넘친다

턱이 가는 사람은
야망이 없다

턱이 튀어나온 사람은
야망을 실현할 힘이 있다

턱이 들어간 사람은
야망의 실현을 위해
후원이 필요하다

얼굴을 셋으로 분할한다

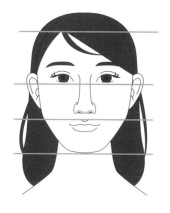

이마 가장 윗부분에서 눈 아래까지의
면적이 넓은 사람은 사고 Zone

눈 아래에서 입술 위까지의
면적이 넓은 사람은 감정 Zone

입술 위부터 턱끝까지의
면적이 넓은 사람은 활동 Zone

사고 Zone의 얼굴은 역삼각형

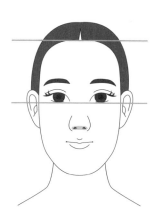

얼굴에서 이마 상부부터
눈 아래 까지가 가장 넓다

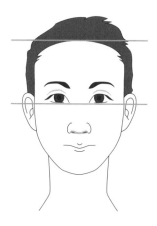

사고 Zone은
지적 아이디어가 풍부하다

감정 Zone의 얼굴은 육각형

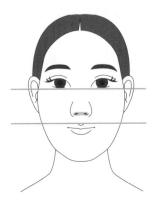

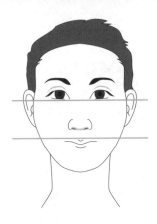

얼굴에서 눈 아래부터
입술 위까지가 가장 넓다

감정 Zone인 사람은 공감력이 좋고,
칭찬 받으면 성장한다

활동 Zone의 얼굴은 사다리꼴

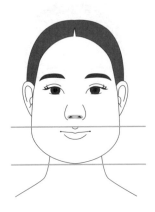

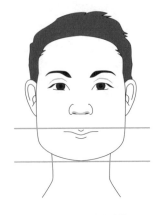

얼굴에서 입술 위에서
턱끝까지가 가장 넓다

활동 Zone인 사람은
현실주의로 실익을 중시한다

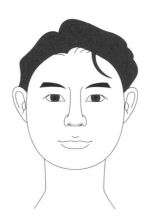

윤곽이 정사각형이거나 둥근형이 디라테(dilaté)형

윤곽이 장방형이거나 타원형이 레토라쿠테(rétracter)형

윤곽과 기관에는 상관 관계가 있다

 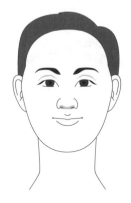

윤곽에 비해서
눈, 코, 입이 큰 사람이
레아지상(Réagissant)

윤곽에 비해서 기관이 정중앙에
집중되어 있는 사람이
콘손토레(Concentré)

얼굴은 좌우 대칭이 아니다

 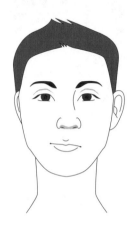

사람은 얼굴을 보면
99% 알 수 있다

1판 1쇄 인쇄 2020년 2월 5일
1판 1쇄 발행 2020년 2월 12일

지은이 사토부존타카코(佐藤bouzon貴子)   옮긴이 최원호   펴낸이 장종표
펴낸곳 도서출판 청송재
출판신고 2020년 2월 11일 제2020-000023호

주소 서울시 송파구 송파대로 201 테라타워2-B동 1620호
전화 02-881-5761   팩스 02-881-5764
홈페이지 http://www.csjpub.com
페이스북 http://www.facebook.com/csjpub
블 로 그 http://blog.naver.com/campzang
이 메 일 sol@csjpub.com

ISBN 979-11-970125-5-6
값 17,500원